Manfred Haller

Christus – das Geheimnis Gottes

Manfred Haller

CHRISTUS
das Geheimnis Gottes

Die Wiederentdeckung
neutestamentlichen Gemeindelebens

Verlag Schulte + Gerth Asslar

© 1984 Verlag Schulte + Gerth, Aßlar

ISBN 3-87739-554-6
Bestell-Nr. 15 554
1. Auflage 1984
Umschlaggestaltung: Gisela Scheer
Satz: Typostudio Rücker + Schmidt, Niederkleen
Druck und Verarbeitung: Elsnerdruck, Berlin
Printed in Germany

Inhalt

Vorwort

Die 9 Kapitel dieses Buches wurden ursprünglich als eine Reihe von Artikeln unter dem Thema „Die Wiederherstellung neutestamentlicher Wirklichkeit" für unsere Zeitschrift „In Christus" verfaßt. Sehr bald zeigte sich, daß zwischen den Artikeln der ganzen Reihe ein innerer Zusammenhang bestand und daß die einzelnen Beiträge ihr volles Gewicht erst in diesem Zusammenhang erhielten. Es lag daher nahe, sie zu einem Buch zusammenzufassen und so einer breiteren Leserschaft zugänglich zu machen. Es geht in diesem Buch nicht darum, neue Ideen zu verbreiten oder besonders originell sein zu wollen, auch wenn gewisse Dinge vielleicht etwas ungewohnt und neu klingen mögen. Sie sind nicht deshalb neu, weil sie der Christenheit bisher unbekannt waren; sie sind für uns neu, weil unsere inneren Augen für sie verschlossen waren. Es geht von der ersten bis zur letzten Seite nur um Christus: Christus alles und in allen. Christus ist das A und O unseres Glaubens, und der Inhalt von Gottes ewigem Plan besteht darin, daß Christus *alles* und *in allen* sein soll. Dies sind die beiden Brennpunkte, um die die neutestamentliche Offenbarung unablässig und unbeirrbar kreist. Der Heilige Geist möchte die Augen unseres Herzens öffnen, damit wir anfangen, die Dinge unseres Glaubens so zu sehen, wie Gott sie sieht. Unsere Erkenntnis von Christus ist zu klein, zu einseitig, zu fleischlich. Der Christus Gottes, wie Ihn das Neue Testament verkündigt, übersteigt alles, was wir über Ihn zu wissen glauben. Ihn gilt es wiederzuentdecken. Wir nennen Ihn in diesem Buch „den größeren Christus".

Auf diesen Seiten versuchen wir, den Christus des ewigen Planes Gottes vorzustellen. Es ist dies keine geringe Sache, und oft genug geschieht es mit stammelnden Worten. Wir sind aber überzeugt, daß wir mit diesen Ausführungen ins Zentrum der neutestamentlichen Offenbarung vorgestoßen sind, und daß es für jedes ernsthafte Gotteskind von entscheidender Bedeutung ist, sich mit dem Inhalt dieser Kapitel auseinanderzusetzen. Denn es handelt sich nicht um etwas, worüber man verschiedener Ansicht sein kann. Hier ist von dem die Rede, was Gott selbst im Innersten bewegt: von Seinem zentralen Willen hinsichtlich der Welt und des Menschen von Zeitalter zu Zeitalter. Gottes Wohlgefallen beginnt mit Christus und endet mit Christus. Wenn wir teilhaben wollen an diesem Wohlgefallen, dann können wir das nur „in Christus" und nur dann, wenn Christus „alles und in allen" ist. Das Buch fordert uns auf, zu diesen neutestamentlichen Wirklichkeiten zurückzukehren.

Manfred R. Haller

Neutestamentliche Wirklichkeit

In diesem Buch möchten wir der Frage nachgehen, worin der eigentliche Inhalt der neutestamentlichen Offenbarung besteht, inwiefern die Christenheit davon abgewichen und was zu tun ist, um die neutestamentliche Wirklichkeit zurückzugewinnen. Daß die äußeren Zustände des heutigen Christentums anders sind als die, die im Neuen Testament geschildert werden, ist wohl den meisten Bibellesern schon aufgefallen. Wer in christlichen Kreisen aufgewachsen ist, kennt tausend Gründe, warum es eben heute so ist und nicht mehr so sein kann wie damals. Wir sind durch viele Bibelstunden, durch zahllose Vorträge, Bücher, Konferenzen, Bibelschulen und Evangelisationen darin geschult worden, die gegenwärtigen Formen, in denen sich das Christentum ausdrückt, als gegeben zu betrachten und die Aussagen der Schrift so zu interpretieren, daß sie auf die Gegenwart anwendbar werden. Natürlich sind viele mit vielem unzufrieden, natürlich gibt es viele Änderungsvorschläge, Konzepte, Ideen; natürlich gibt es viele Gruppen und Bewegungen, die versuchen, aus dem historisch gewachsenen Schema der Denominationen und Institutionen auszubrechen und Neues zu wagen. Aber sie haben alle denselben Fehler: Sie gehen alle von irgendwelchen idealisierten Vorstellungen aus und fragen nicht radikal genug nach der ursprünglichen neutestamentlichen Wirklichkeit, nach den Gesetzmäßigkeiten, welche diese Wirklichkeit hervorgebracht haben, nach den Grundbedingungen, unter denen sie sich entfalten, erhalten und weiterentwickeln können. Sie gehen nicht von den himmlischen Wirklichkeiten aus, wie sie in Christus vorhanden sind, sondern von historischen Zuständen und Bedingungen und zeitbedingten Erkenntnissen.

Es nützt nichts, sich aufgrund einiger Bibelstellen der Apostelgeschichte ein „Urchristentum" auszumalen, das es so, wie wir es uns vorstellen, nie gegeben hat und zu dem wir angeblich zurückkehren müßten. Wir können uns andererseits auch nicht an eine geschichtliche Gestalt des Christentums klammern und versuchen, diese zu konservieren oder wiederherzustellen, denn das entscheidend Christliche, das, was den Aposteln und Propheten geoffenbart worden ist, hat nichts mit der geschichtlichen Entwicklung zu tun, ist keinen historischen Bedingungen unterworfen, sondern es sind geistliche Wirklichkeiten, die in der neutestamentlichen Dimension der Auferstehung wurzeln und nur „in der Auferstehung" oder – um einen wichtigen Ausdruck des Apostels Paulus zu verwenden – „in Christus" erlebt und umgesetzt werden können. Diesen Dingen möchten wir nachgehen, sie gründlich durchdenken und sie dann den gegenwärtigen Entwicklungen und Tendenzen gegenüberstellen. Wenn der Herr uns gnädig ist, werden wir zwei Dinge erleben: 1. werden uns die Schuppen von den Augen fallen, und wir werden erkennen, wie „tief" wir von Gottes Vorsatz und Seinem ewigen Plan abgewichen sind. Es wird uns aufgehen, wie einseitig und ungenügend die neutestamentlichen Wahrheiten gelehrt und überliefert wurden und werden und wie gleichgültig wir uns ihnen gegenüber verhalten haben;

2. wird in uns das Verlangen wach werden, uns mit aller Kraft dafür einzusetzen, daß die göttlichen Prinzipien, Seine Wünsche und Vorstellungen befolgt und verwirklicht werden. Wenn diese Beiträge dies bewirken, haben sie ihre Aufgabe erfüllt.

Mit neutestamentlicher Wirklichkeit meinen wir all jene Offenbarungsinhalte, die die Apostel und Propheten des Neuen Testaments durch den Geist von Gott empfingen und in ihren Schriften niedergelegt haben. Ich möchte unterstreichen, daß es sich um *Offenbarungen* handelt. Die Apostel sind nicht auf dem Wege menschlichen Denkens und Forschens zu ihren Erkenntnissen gelangt, wie dies in allen Breitengraden christlicher Aktivitäten geschieht. Eines Tages brachen sie in ihr Leben ein; sie wurden damit konfrontiert und davon ergriffen, und sie wurden vor die Entscheidung gestellt, entweder dem „himmlischen Gesicht" zu gehorchen oder in der Bedeutungslosigkeit zu versinken. In den Offenbarungen begegneten sie der absoluten Autorität Gottes. Was sie sahen und wovon sie ergriffen wurden, trug das Siegel göttlicher Gewißheit und Wirklichkeit. Uns bewegt und beschäftigt nun die Frage: Was wurde diesen Männern so autoritativ geoffenbart? Was sahen sie? Wovon wurden sie derart gepackt, daß sie alles verließen und ihr Leben dafür hingaben?

Wirklich im geistlichen Bereich sind die Dinge so, wie sie vor Gott sind, wie Gott sie sieht, was Er darunter versteht. Wir haben uns so sehr daran gewöhnt, uns über göttliche und „geistliche" Dinge unsere eigenen Gedanken zu machen, daß es uns schwerfällt zu akzeptieren, daß die Art, wie wir die Dinge sehen, nicht unbedingt dieselbe ist, wie Gott sie sieht. Wir alle kennen das Wort: „Denn meine Gedanken sind nicht eure Gedanken, und eure Wege sind nicht meine Wege, spricht der Herr" (Jesaja 55,8). Wir kennen das Wort wohl, aber wir nehmen es nicht zur Kenntnis. Wir lassen seinen Wahrheitsgehalt nicht an uns herankommen. Wir kehren es eigenmächtig um und sagen in unverantwortlicher Leichtsinnigkeit: „Unsere Wege sind gewiß auch Seine Wege, sonst hätte Er uns in der Vergangenheit nicht so oft und immer wieder gesegnet." Daß Gott uns segnet, heißt nicht, daß Er mit uns einverstanden ist. Er läßt Seine Sonne über Böse und Gute scheinen, obwohl Er bestimmt mit den „Bösen" nicht einverstanden ist. Wir müssen wieder lernen, genau hinzuhören, lange hinzuhören und keine voreiligen Schlüsse zu ziehen. Selbst wenn wir etwas begriffen zu haben meinen, ist es klug, noch einmal zu warten und noch einmal zu hören, bis das geschieht, was die Apostel und Propheten erfuhren: bis das, was uns aufgegangen ist, mit solcher Gewalt, mit solcher Autorität in uns rumort, daß wir ihm nicht mehr ausweichen können. Erst dann sind wir auf die geistliche Wirklichkeit gestoßen. (Hier wird deutlich, daß ein bloßes Erkennen oder Anlesen solcher Dinge nicht zu den Wirklichkeiten selbst führt. Wir lassen uns zu schnell täuschen. Was wir rein intellektuell „begriffen" haben, ist nur ein Wissen von solchen Wirklichkeiten. Erst wenn sie uns ergriffen haben, erst wenn sie Gewalt über uns bekommen haben, sind wir wirklich auf sie gestoßen.) Geistliche Wirklichkeiten sind keine Meinungen, die wir uns über irgend etwas bilden und mit denen wir uns dann identifizieren. Sehr oft erschüttern sie alles, was wir meinen, bis jetzt erkannt und geglaubt zu haben. Geistliche Wirklichkeiten stellen uns in die unmittelbare Gegenwart Gottes; wir werden durch sie bloßgestellt, ans Licht gebracht. Menschliche Ansichten stürzen vor ihnen in sich zusammen.

Wir sind so sehr voreingenommen, so sehr durch unsere Erziehung, unsere Geschichte, unsere weltliche und geistliche Umgebung geprägt, daß Gott oft drastisch vorgehen muß, um unsere Illusionen zu zerstören. Aber solche Erschütterungen sind heilsam. Sie befreien uns von viel Ballast und öffnen uns den Weg zu den Wirklichkeiten Gottes und zu Seiner neuen Schöpfung.

Es geht uns in diesen Beiträgen nicht um Kritik. Damit wäre niemandem geholfen. Aber manchmal ist es notwendig, Kontraste aufzuzeigen, um die Dinge klarer herausarbeiten zu können.

Bevor wir darangehen können, einzelne Aspekte und Inhalte der neutestamentlichen Offenbarung zu untersuchen und, so Gott es schenkt, zurückzugewinnen, müssen wir einige Begriffe klären.

Was ist neutestamentlich?

Als erstes muß uns ein für allemal klar werden, daß nicht alles, was im Neuen Testament steht, neutestamentlich ist. Diese Erkenntnis scheint recht harmlos, ja, fast banal zu sein, aber sie hat weitreichende Konsequenzen, sobald wir sie mit dem konfrontieren, was sich der Durchschnittschrist unter neutestamentlichen Dingen vorstellt. Sind die Evangelien – Matthäus, Markus, Lukas und Johannes – neutestamentlich? Ist die Apostelgeschichte ihrem Wesen nach wirklich neutestamentlich? Wenn wir so konkret zu fragen beginnen, merken wir, daß unsere Feststellung gar nicht so selbstverständlich ist. Die reformatorischen Kirchen haben lange Zeit – und sie tun es heute noch – weitgehend aus den Evangelien gepredigt. Wenn man den Protestanten (dasselbe gilt auch für den Durchschnittskatholiken) fragt, was er vom Neuen Testament wisse, dann sind es meist die Geschichten und Ereignisse aus den vier Evangelien – die Wunderberichte, die Heilungen, die Gespräche, die Ereignisse um Jesu Tod und Auferstehung. Darum war es möglich, daß sich der moderne Liberalismus beinahe kampflos in diesen Kirchen breitmachen konnte, denn in den Evangelien ist Jesus ja vor allem der „Menschensohn". Er ist der Mensch par excellence. Seine Taten sind Wohltaten, Sein Verhalten ist erstaunlich bis revolutionär. Es gibt also genügend Stoff auch für Leute, die nicht an Ihn als den Sohn Gottes glauben.

Neben dem Fundamentalismus und Liberalismus gibt es aber noch andere Strömungen, die, oberflächlich gesehen, weitergehen und von sich behaupten, sie verträten im Gegensatz zu den oben genannten Kirchen und Gemeinschaften das „volle" Evangelium. Die Pfingstbewegung zum Beispiel gab und gibt seit der Jahrhundertwende viel zu reden und zu schreiben, und sie war der Anlaß zu gewaltigen geistigen Kämpfen (und auch zu ungeheuren Fehlurteilen auf seiten ihrer Gegner). Dies sei gleich vorweggenommen: Ich glaube, daß die Erfahrung charismatischer Geisteswirkungen, wie sie uns im Neuen Testament beschrieben werden und wie sie in diesem Jahrhundert wieder neu und zeitweise auf eindrückliche Weise aufgetaucht sind (sie lassen sich durch die ganze Kirchengeschichte hindurch nachweisen, waren also nie völlig verschwunden), ein Bestandteil des Wiederherstellungswerkes Gottes war und ist. Es ist jedoch falsch, die Pfingstbewegung und die neuere charismatische Bewegung als Abschluß und Höhepunkt der ganzen Entwicklung zu betrachten und zu glauben, um im vollsten Sinne neutestamentliches Christentum zu haben, brauche man nur noch die Geistesgaben und vor allem das Reden in Zungen. Wir werden sehen, daß diese Dinge zwar immer wieder echte geistliche Aufbrüche begleitet haben, daß sie aber dennoch eher an den Rand christlicher Erfahrung gehören und vor allem nicht wesentlicher Bestandteil der neutestamentlichen Offenbarung sind.

Nun, wie steht es mit der Pfingstbewegung? Sie sagt doch schon lange und mit Nachdruck, daß sie das volle Evangelium verkündige, womit sie natürlich zu Wiedergeburt und Taufe hinzu noch die Geistestaufe mit den nachfolgenden Zeichen, besonders Zungenreden, Prophetie und Heilungen, meint. Zu jedem einzelnen dieser Begriffe wäre ein besonderes Kapitel nötig, aber um zu zeigen, worum es mir geht, und daß auch die Pfingstbewegung trotz ihrer Dynamik weit entfernt ist von dem, was wir als „neutestamentlich" bezeichnen, greife ich das Beispiel der Glaubensheilung auf.

Die meisten Argumente zum Thema Krankenheilung stammen aus den Evangelien oder aus dem Alten Testament (vgl. Jesaja 53; Psalm 103; Maleachi 4; 2. Mose 15 und andere). Manche behaupten, die Krankenheilung sei im Werk am Kreuz inbegriffen, zusammen mit der Vergebung der Sünden; wer also Golgatha im Blick auf die Vergebung gelten lasse, müsse es ebenso im Blick auf die Krankenheilung akzeptieren. Das geht so weit, daß man Sündenvergebung und Krankenheilung beinahe gleichsetzt und behauptet, wer Vergebung erlangt habe, sei auch geheilt und sollte nicht mehr krank werden.

Ich möchte hier nicht über das Thema Krankenheilung referieren, aber ich möchte an diesem Beispiel zeigen, zu welchen Schlüssen man kommt, wenn man nicht weiß, was denn wesentlich neutestamentlich ist und was grundsätzlich auch Bestandteil des Alten Bundes war. So wird also gesagt: In Jesaja 53 heißt es klar und deutlich: „Fürwahr, er hat unsere Leiden getragen, und unsere Schmerzen hat er auf sich geladen" (Jesaja 53,4). Und weil Jesaja 53 vom Leiden und vom Tod des Gottesknechtes spricht, schließt man einfach daraus, daß Jesus die Krankheiten und Schmerzen ans Kreuz getragen habe, genauso wie unsere Sünden.

Nun hat aber der Heilige Geist selbst die Frage entschieden. In Matthäus 8,17 wird genau dieses Wort aus Jesaja zitiert: „Er selbst nahm unsere Schwachheiten und trug unsere Krankheiten." Jesus befindet sich hier am Anfang Seiner öffentlichen Tätigkeit, wo große Scharen Ihm nachliefen und Er viele Menschen heilte. Das Kreuz ist noch in weiter Ferne. *Jesus heilt hier nicht aufgrund Seines vollbrachten Werkes von Golgatha, sondern kraft Seiner göttlichen Sendung und Seiner Gottessohnschaft.* Er repräsentiert den „Menschensohn", wie Daniel Ihn geschaut hatte, den Messias, den König des kommenden Gottesreiches, wo es keine Krankheit noch Schmerz noch Leid mehr geben wird. Seine Tätigkeit

15

steht, besonders bei Matthäus, ganz im Zeichen des anbrechenden Reiches Gottes. Und auf diese Tätigkeit Jesu wendet nun der Heilige Geist dieses Jesajawort an. Wir sehen, zu welch falschen Schlüssen man kommt, wenn man die Bibel eigenwillig interpretiert, so daß sie unseren Wunschvorstellungen entgegenkommt. Es ist wahr: Jesus heilt; Er heilt auch heute. Aber Er heilt nicht, weil Er am Kreuz gestorben ist, sondern Er heilt, weil Er der König des messianischen Gottesreiches ist. Seine Heilungen sind Zeichen, Einbrüche und Vorwegnahmen eines Zustandes, der sein wird, wenn die ersten Dinge vergangen sind. *Jede Heilung ist ein neues, persönliches Eingreifen, eine neue persönliche Zuwendung des Herrn und kann niemals durch eine Lehre verabsolutiert oder automatisiert werden.* Krankheit bleibt, solange diese ersten Dinge bestehen, Teil unserer Erfahrung, und solange wir Christen noch im Leibe sind, bleiben wir im Einflußbereich von Krankheit und physischem Tod.

Wir sehen also: Das, was als „volles Evangelium" bezeichnet wird, findet sich bereits zu einem Zeitpunkt, da das typisch „Evangelische", das typisch Neutestamentliche noch gar nicht stattgefunden hat. Das Kreuz und die Auferstehung harrten noch ihrer Erfüllung und Verwirklichung. Also können wir diese Dinge auch nur bedingt als „neutestamentlich" bezeichnen. Heilungen gab es schon im Alten Testament; Wunder und Zeichen gab es schon seit der Schöpfung der Welt. Charismatische Prophetie existierte schon zur Zeit Samuels. Geistesausrüstungen für besondere Dienste und Aufträge kamen schon im Alten Testament und vor dem Pfingsttag im Neuen Testament vor (siehe Simson, Elia, Elisa, Hesekiel, Daniel, Sacharja; aber auch Maria im NT, Elisabeth, Zacharias, usw.). Das einzig wirklich Neue scheint das Reden in Zungen zu sein, und darum legt die Pfingstbewegung auch ein solches Gewicht darauf. Wenn es auch für den jüdischen Kulturkreis neu gewesen sein mag, so war doch die Glossolalie in den heidnischen Mysterienkulten schon lange vor Christus bekannt und wird bis heute in gewissen asiatischen Kulten und Meditationsformen praktiziert.

Ich möchte diese Dinge nicht kleiner machen, als sie sind. Es geht mir vielmehr darum, daß wir lernen, die Dinge in ihrer richtigen Perspektive zu sehen.

Was ist nun wirklich neutestamentlich? Was ist das Ziel des Kommens Jesu, das Ergebnis von Kreuz und Auferstehung, das Ziel des ganzen Erlösungswerkes? Oder anders gefragt: Was ist denn eigentlich neu, was hat es im Alten Testament und vor Pfingsten nicht gegeben, was ist das wesentlich Neutestamentliche?

Wenn wir den Offenbarungsstandpunkt einnehmen, stellen wir plötzlich fest, daß die Evangelien eigentlich noch weitgehend zum alttestamentlichen Raum gehören. Paulus hat das in seiner klassischen Art so formuliert: „Als aber die Fülle der Zeit gekommen war, sandte Gott seinen Sohn, geboren von einem Weibe, geboren *unter Gesetz,* auf daß er die, *welche unter Gesetz waren,* loskaufte, auf daß wir die Sohnschaft empfingen" (Galater 4,4). Jesus ist noch im Alten Testament gekommen, um durch Sein Sterben und Auferstehen den Grund zu legen für einen absolut neuen Bund, der von ganz anderen Charakteristiken geprägt sein würde als der alte. Hier wird mit aller Deutlichkeit gesagt, daß Jesus unter dem Gesetz gelebt hat und daß Er auch unter dem Gesetz gestorben ist, um die freizukaufen, die unter dem Gesetz waren. Natürlich blitzt da und dort das Neue auf, und vor allem Johannes erzählt das Leben Jesu vom Offenbarungsstandpunkt aus. Aber es ist nicht richtig, wenn wir etwas, was die christliche Gemeinde, die neue Schöpfung betrifft, beweisen wollen und zu diesem Zweck von den Evangelien her argumentieren, weil in ihnen das Neue noch nicht verwirklicht war (die Person Jesu ausgenommen!).

Es gibt ein Wort, das auf einmalige Weise das Wesen des Neuen Bundes umreißt. Es steht im Hebräerbrief und ist eigentlich das Zitat einer Verheißung durch Jeremia und Hesekiel (vgl. Jeremia 31,33; Hesekiel 36,26-27): „Dies ist der Bund, den ich mit ihnen errichten werde nach jenen Tagen, spricht der Herr: Indem ich meine Gesetze in ihre Herzen gebe, werde ich sie auch auf ihre Sinne schreiben ..." (Hebräer 10,16). In dieser Verheißung haben wir den Schlüssel, das Herz der neutestamentlichen Offenbarung. Von diesem Mittelpunkt aus müssen wir alles, was im Neuen Testament steht, beurteilen und einordnen; von hier aus bekommt alles seinen ihm zugewiesenen Platz. Aus dieser innersten Mitte heraus lebt die Gemeinde, lebt jeder einzelne als Glied des Leibes Christi. Hier befinden wir uns in einer völlig neuen Umgebung, in einer völlig neuen Wirklichkeit. Hier haben wir etwas, was es vor Pfingsten auf dieser Welt nie gegeben hat und das, losgelöst von Christus, von Seinem Tod und Seiner Auferstehung, absolut unmöglich ist. Diese eine Erfahrung, diese eine neutestamentliche Wirklichkeit erschließt uns den Zugang zu allem, wovon die ganze Bibel spricht, zu allem, was Gott und sein Wort betrifft, zu allen geistlichen Wirklichkeiten.

Was sagt dieses Wort genau aus? Die Geschichte des Alten Testamentes ist die Geschichte der Auseinandersetzung zwischen Gott und Seinem erwählten Volk. Das Volk bildete eine genetische, biologische Einheit. Der Stammvater war Abraham, und man konnte nur zu diesem Volk gehören, wenn man in der Geburtslinie von Abraham abstammte. Dieses Volk sollte Gott auf dieser Erde repräsentieren, sollte das Wesen, die Kraft, die Herrlichkeit, die Größe, Weisheit und Güte Gottes darstellen. Die Nationen dieser Erde sollten durch dieses Volk Gott erkennen. Zu diesem Zweck gab Gott ihm das Gesetz, das vollkommen Seinem Wesen entsprach und Seinen Willen zum Ausdruck brachte. Dieses äußere Gesetz in Form zahlreicher Vorschriften sollte es Ihm ermöglichen, persönlich unter diesem Volk zu wohnen und sich zu manifestieren. Die Wohnung Gottes war eine „Stiftshütte", später ein Tempel, etwas „von Händen Gemachtes". Aber schon im Alten Testament ahnte man, daß das alles nur etwas Vorläufiges, Provisorisches sein konnte. Gottes Verlangen, Gottes Herz richtete sich auf etwas viel Umfassenderes, Entscheidenderes. Gott wollte nicht nur unter oder bei den Menschen wohnen auf der Grundlage eines äußeren Gesetzes und Kultes, Gott wollte *im* Menschen wohnen; denn dazu war der Mensch bereits geschaffen worden (in Seinem Bilde). Es gab kein Wesen, das seiner Beschaffenheit nach Gott aufnehmen konnte, außer dem Menschen. Darum arbeitete Gott auf einen zweiten, auf einen neuen Bund hin, der den ersten ablösen und beseitigen sollte; dieser sollte das verwirklichen, was der erste nicht vermocht hatte: der Mensch selbst sollte Seine Wohnung, Sein Heiligtum sein, und zwar nicht der einzelne Mensch für sich, sondern eine Gemeinschaft, eine neue Menschheit: ein neuer Mensch in Christus (vgl. Epheser 2,15c).

Damit das Neue verwirklicht werden konnte, mußten die Voraussetzungen dazu geschaffen werden. Das erste mußte beseitigt werden, damit das zweite eingeführt und errichtet werden konnte. Davon redet ja der ganze Hebräerbrief. Gott sandte Seinen Sohn. Wie? Durch viele Generationen hindurch bereitete Gott Ihm einen Leib vor, der das ganze Menschengeschlecht von Adam her in sich zusammenfaßte (vgl. die Geschlechterreihe bei Lukas). Diesen Leib trug Er als letzter Adam ans Kreuz von Golgatha. Am Kreuz wurde nicht nur das Gericht über den Sünder vollstreckt, sondern dort wurde der erste Mensch, Adam, gekreuzigt. Dadurch wurde der Weg frei für einen zweiten Menschen: der auferstandene Christus wird von Paulus als zweiter Mensch bezeichnet. Er verkörpert eine völlig neue Schöpfung. Er ist der Erstgeborene von den Toten. Er hat die Enge des natürlichen Wesens dieser ersten Schöpfung durchbrochen und den Weg frei gemacht in die immensen Weiten der Auferstehungswirklichkeit hinein, der keine Schranken mehr gesetzt sind.

Aber der Auferstandene ist nicht mehr von derselben Art wie der Jesus vor dem Kreuz. Er ist nicht mehr auf eine einzige Individualität beschränkt. Er kann sich zwar als einzelner offenbaren (siehe Erscheinungen des Auferstandenen bei Johannes), aber Er kann auf der Stelle in der Unsichtbarkeit verschwinden, durch verschlossene Türen gehen, gleichzeitig an ganz verschiedenen Orten erscheinen und sich Menschen offenbaren. Paulus sagt von Ihm, der zweite Mensch sei ein „lebendigmachender (oder: lebengebender) Geist". Das ist das entscheidende Merkmal des Geistes, daß er nicht an die Gesetze der Physis, der Materie gebunden ist. Aber auch wenn Christus nun der lebendigmachende Geist ist, so ist Er dennoch Person und nicht nur Kraft oder Intelligenz; das müssen wir festhalten. Gott ist immer Person; Er löst sich nie in eine mystische „Allmacht" oder „Allgegenwart" auf.

Wann also beginnt das entscheidend Neutestamentliche? Als dieser lebendigmachende Geist in der Gestalt des Heiligen Geistes auf diese Erde kam und *in* den Menschen, die an Ihn geglaubt hatten, persönlich Wohnung nahm. Das ist der entscheidende Aspekt von Pfingsten. Pfingsten ist nicht in erster Linie das, was äußerlich sichtbar vor sich ging. Pfingsten ist die atemberaubende Tatsache, daß in Christus der lebendige Gott selbst durch den Heiligen Geist im Menschen Wohnung nahm. Pfingsten ist die Innewohnung Gottes, die Schekhina-Herrlichkeit Gottes im Menschen, die Geburt einer neuen Schöpfung, einer neuen Menschheit, die Offenbarung einer neuen Wirklichkeit: *„Gott, bzw. Christus in uns, die Hoffnung der Herrlichkeit."*

Das ist es, wozu wir durch die Wiedergeburt gelangen: zur Innewohnung Christi in uns durch den Heiligen Geist. Ich weiß nicht, wie man bei einer solch ungeheuren Realität stillsitzen kann. Gott, der Schöpfer aller Dinge, der, dem alle Dinge möglich sind, der, dem alle Dinge gehorchen, der, den niemand sehen noch aussprechen kann, sucht sich einen armen Menschengeist aus, um darin zu wohnen. Er kommt nicht nur auf Besuch. Nein. Er *wohnt* in uns. Christus *in* uns, die Hoffnung der (oder: auf) Herrlichkeit! Das ist das entscheidend Neutestamentliche. Das unmittelbare Ergebnis davon ist die Gemeinde, eine Gemeinschaft von Menschen, die nicht mehr aufgrund natürlicher Abstammung eins ist, sondern aufgrund der in ihr wohnenden Person: Christus. Dadurch eröffnen sich uns neue Räume, neue Perspektiven, neue Horizonte. Das Wesen der Gemeinde, ihre Basis und Einheit ist der innewohnende Christus durch den Heiligen Geist. Sie ist die Verkörperung Christi, des zweiten Menschen. Sie ist Sein „Leib". Jeder einzelne ist also „in Christus". Christus ist nicht nur das Haupt im Himmel, Er ist auch der Inhalt der Gemeinde, ihr Wesen, ihre Person, wenn wir so wollen.

Aber die Verheißung aus dem Alten Testament sagt noch mehr: Da heißt es, Gott werde Sein Gesetz in ihr Inneres schreiben. Paulus spricht in Römer 8,1-2 vom Gesetz des Geistes des Lebens in Christus. Die Innewohnung Christi bewirkt, daß wir, sofern wir „im Geist" wandeln, das Gesetz befolgen. Ohne Christus in uns ist es unmöglich, das Gesetz zu erfüllen. Ohne Christus in uns ist es unmöglich, den Nächsten zu lieben wie sich selbst. Im Geist wandeln heißt also, in Übereinstimmung mit dem Gesetz in unserem Innern wandeln, und dieses Gesetz ist nichts anderes als die persönliche Gegenwart Christi in unserem Geist. Diese innere Realität – Christus in uns – und die äußere Realität – wir in Christus – sind das entscheidend Neutestamentliche. Wir werden darüber noch sehr viel zu sagen haben. Aber fürs erste genügt es, wenn wir dies gründlich auf uns wirken lassen.

Sobald wir anfangen, alle Dinge von dieser Mitte aus zu betrachten, wird sich in unserem Leben, in unserer Erkenntnis, in Lehre und Praxis sehr, sehr vieles ändern. Wir müssen also bei allem, was sich christlich oder neutestamentlich nennt, auf diese geistliche Realität blicken: Ist das Zentrum dieser Sache Christus in uns, Christus in Seinem Leib, oder sind es äußere Dinge, zweitrangige Dinge, die im Vordergrund stehen und den Blick auf das Wesentliche verdecken? Das volle Evangelium ist nicht Bekehrung plus Geistestaufe und Charismata, sondern: die erste Schöpfung ist durch das Kreuz beseitigt, und Christus, der Erstgeborene von den Toten, ist als der Innewohnende in uns. Anderes mag dazukommen, aber es ist nicht entscheidend. Wichtig ist „Christus alles und *in allen*".

Im Neuen Testament verlegt Gott also Seinen Schauplatz von außen nach innen, vom irdischen Plan zur Himmelswelt, von Adam zu Christus, vom Fleisch zum Geist, wobei der Geist immer der innewohnende Geist, der innewohnende Christus selbst ist.

Neutestamentliche Wirklichkeit im Neuen Testament

Es ist nun klar, daß diese Wirklichkeit nicht auf einmal einfach da war. Die Dinge mußten zuerst, wie alles im Zusammenhang mit Gott, geboren werden, sich entfalten, entwickeln und heranreifen. Wenn wir die Apostelgeschichte studieren, stellen wir fest, daß auch nach Pfingsten nicht alles neutestamentlich war. Die Gemeinde, wie sie sich unmittelbar am Pfingsttage darstellte, ist, von dieser Warte aus gesehen, keineswegs die „Urgemeinde", zu der wir zurückkehren müßten. *Das Christentum der Apostelgeschichte ist keineswegs das Christentum, das es nachzuahmen oder zu erreichen gilt.* Im Gegenteil. Es ist ein eben erst geborener Säugling, der heranwachsen und seine Kinderschuhe allmählich abstreifen muß, bis er die volle Mannesreife erlangt hat. Wir können die Gemeinde am Pfingsttage keinesfalls zum Vorbild für neutestamentliches Gemeindeleben nehmen, und zwar aus folgendem Grund: nach Paulus ist das Wesentliche der Gemeinde die Einheit zwischen Juden und Heiden, das beseitigte Gesetz, das Wegfallen aller kulturellen, sozialen, materiellen und sexuellen Unterschiede. Die Gemeinde nach Pfingsten bestand praktisch aus Juden, die sich noch weitgehend an das Gesetz hielten. (Es ist vielleicht bezeichnend, daß heute wieder eine starke Neigung besteht, in den Bereich des Judentums zurückzukehren. Man spricht von einem messianischen Judentum, man sagt, ein Jude sei erst dann ein ganzer Jude, wenn er Christus angenommen habe; man feiert wieder die jüdischen Feste wie damals und sieht darin einen wunderbaren Fortschritt. Ich überlasse es dem Leser, im Lichte dessen, was wir betrachtet haben, zu beurteilen, um was es sich hier handelt.) Ihr Leben, ihr Gottesdienst waren fast ausschließlich alttestamentlich mit Ausnahme der unmittelbaren Gütergemeinschaft, die spontan entstand, später aber als für das Christentum nicht typisch wieder verschwand. Die Frauen hatten nur einen ganz geringen Anteil am Gemeinschaftsleben. Sehr schnell wurden Klagen laut über Benachteiligungen unter den Hellenisten. Die Frage der Beschneidung (bzw. der Gemeindezugehörigkeit) war noch nicht geklärt. Der apostolische Dienst hatte noch nicht richtig eingesetzt. Die Sicht dieser Gemeinde war noch sehr alttestamentlich geprägt.

Erst durch den Dienst von Paulus und seinen Mitarbeitern brach die Offenbarung der neutestamentlichen Wirklichkeit voll und ganz durch und beseitigte, soweit die Gläubigen darauf eingingen, die letzten Reste der jüdischen und natürlichen Schalen. Erst Paulus erkannte die Gemeinde als den Leib Christi; dies ist ein spezifischer Beitrag an die neutestamentliche Offenbarung. Von hier aus müssen wir alles sehen, was mit der Gemeinde zusammenhängt. Nur unter diesem Aspekt können wir begreifen, was er über das Mannesalter, über das Kind und den Mann (1. Korinther 13) sagt. Nur von hier aus verstehen wir auch die Funktion und den Platz der Manifestationen des Geistes. Die Gemeinde ist etwas, das vom Kind zum Manne heranreifen und heranwachsen muß. Die Kindheitsstufe ist geprägt von vielen äußeren Begleiterscheinungen, durch sichtbare Zeichen und Wunder und andere Manifestationen. Die reife Gemeinde streift diese Dinge mehr und mehr ab und lebt aus der unmittelbaren Wirklichkeit des innewohnenden Herrn.

Wir sehen also: durch schweres Ringen, durch zusätzliche Offenbarungen schälte sich erst allmählich die neutestamentliche Wirklichkeit „in Christus" heraus. Erst in Antiochien (Apostelgeschichte 13) emanzipierte sich das Neue vom Alten, darum wurden auch erst dort die Jünger zum ersten Mal Christen genannt. Aber noch weit später, bis hinein in den Galaterbrief, setzen sich die Spannungen und der Loslösungsprozeß fort. Dort mußte Paulus Petrus öffentlich zurechtweisen, weil er wieder hinter das Neue Testament zurückgegangen war. Gerade der Galaterbrief zeigt den gewaltigen Konflikt, den es durchzustehen galt, wenn man sich ganz auf die neu geoffenbarte Wirklichkeit des „Christus in mir" und des innewohnenden Geistes stellen wollte. Erst in den großen Offenbarungsbriefen von Paulus (Galater bis Kolosser) und im Römerbrief (Kapitel 8,12-16) erreichen wir die volle Höhe des Neuen Testaments, und es ist erstaunlich, wie wenig in diesen Schriften von äußeren Begleiterscheinungen die Rede ist. Dagegen liegt das ganze Gewicht auf dem auferstandenen und erhöhten Christus, unserer Gemeinschaft und Einheit mit Ihm und auf der Wirklichkeit des Leibes Christi als dem Bereich, in dem sich die neutestamentliche Wirklichkeit voll verkörpert. Von diesen Dingen werden wir noch mehr sprechen. Neutestamentlich ist alles, was diese Offenbarung zu seinem Zentrum und zu seiner Grundlage hat. Die Voraussetzungen dazu sind Tod und Auferstehung, die Vergebung der Sünden und das Gericht des Sünders. Der Vollzug und ihre Verwirklichung sind das Kommen des Geistes und Seine Innewohnung in den Gläubigen. Ihre Gestalt ist die Gemeinde, „welche ist Sein Leib, die Fülle dessen, der alles in allen erfüllt."

Die Offenbarung des Geheimnisses

Wenn man die Flut christlicher Publikationen und Bücher überblickt, die Monat für Monat und Jahr für Jahr auf uns einstürzt, wird eines immer erschreckender deutlich: da gibt es keine Geheimnisse mehr. Alles wird erklärt, intimste Erfahrungen werden hüllenlos preisgegeben, für alles gibt es ein Rezept, eine Methode, einen Weg, und es ist immer alles ganz einfach. Man braucht nur das und das zu tun, und schon ist das Problem gelöst. Es gibt heute nichts Einfacheres, als ein Christ zu werden. Jedes Kind kann dir sagen, wie du es anstellen mußt. Das Evangelium? Ganz einfach. Du kennst doch „Die vier geistlichen Gesetze"? Hast du irgendein Problem? Gott tut doch Wunder! Bist du krank? Kein Problem, Jesus heilt. Ist in deinem Leben etwas nicht in Ordnung? Fange an, den Herrn zu preisen. Du wirst schon sehen, was dann alles passiert. Möchtest du wissen, was eine lebendige Gemeinde ist? Geh doch gleich da und da hin, dann siehst du es mit eigenen Augen. Was fehlt der Christenheit von heute? Das weiß doch jeder: Erweckung! ... Die größte Schande, die dir widerfahren kann, ist, daß du auf eine Frage nicht gleich eine Antwort, für ein bestimmtes Problem nicht sofort eine perfekte Lösung hast.

Wir leiden an der Sucht, alles trivialisieren, alles popularisieren und dann gleich auch propagieren zu müssen. Alles muß sofort einfach, verständlich, einleuchtend sein. Unsere Generation hat sich auch alle Mühe gegeben, alles, was den christlichen Glauben und das Christenleben betrifft, bis ins Detail zu erklären. Ein Journalist, wenn er sich nur die Mühe machen will, ist heute imstande, sich gründlich in irgendein Thema des Christentums einzuarbeiten und es so exakt wiederzugeben, als wäre es seine eigenste Erkenntnis, ohne jedoch innerlich davon betroffen zu sein oder selbst daran zu glauben. Objektivität gehört zu seinem Beruf, und die Unterlagen sind ja so reichhaltig und detailliert vorhanden, daß ein persönliches Engagement überflüssig ist. Von einem Mädchen, das alle seine Geheimnisse jedem preisgibt, der ein flüchtiges Interesse zeigt, sagen wir, es habe sich feilgeboten, prostituiert. Ist nicht genau dies die Geschichte des modernen Christentums? Ist nicht gerade dies eines unserer größten Probleme, daß wir so krankhaft bemüht sind, uns zu erklären, verstanden zu werden, akzeptiert, ernst genommen zu werden, daß wir dabei gar nicht merken, wie sehr wir uns und die Sache des Herrn dadurch preisgeben?

Im Alten Testament wird Israel mit einer Jungfrau verglichen, die schamlos um die Gunst, um die Anerkennung, um die „Liebe" fremder Völker buhlte. Der König Hiskia wurde scharf getadelt, weil er den Gesandten eines ausländischen Königs alle Schätze seines Hauses und des Tempels bedenkenlos zeigte. Ist dir schon aufgefallen, wie wenig in der Bibel erklärt wird? Man sucht in ihr vergeblich nach Definitionen, Analysen, Ausdeutungen. Sie spricht zwar von vielen verschiedenen Dingen, aber sie erklärt sie nicht. Sie stellt sie einfach hin, verkündigt sie, fordert, ohne zu begründen und zu definieren. War nicht gerade dies das Ärgernis aller Zeiten, daß die Bibel so voller Rätsel sei, daß ihre Sprache undeutlich, verworren, ja unverständlich sei? Hat nicht der natürliche Mensch seit je instinktiv gemerkt, daß die Bibel etwas ist, dem er nicht gewachsen ist, daß sie von Dingen spricht, die ihm verschlossen sind, denen er hilflos und verständnislos gegenübersteht? Hat nicht gerade dieses Gefühl der Hilflosigkeit, des Ausgeschlossenseins stets seine Wut erregt und ihn immer wieder dazu aufgestachelt, dieses Ding zu bekämpfen? Solange ihr Geheimnis gewahrt wurde, blieb die Bibel stets Sieger. Gott selbst stand hinter diesem Buch und verteidigte es. Niemandem gelang es, keiner Inquisition, keinem Spötter, keinem Gottesleugner, ihre Kraft, ihr Leben und ihren Einfluß zu brechen. Es blieb der modernen Zeit vorbehalten, dies fertigzubringen. Und wie ist es ihr gelungen? Durch Prostitution! Durch Erklären, Definieren, Analysieren, durch unbedingtes Modern-und-zeitgemäß-sein-Wollen, durch das Ausplaudern aller Geheimnisse!

Wenn du wissen willst, wie ein Auto zusammengesetzt ist, woraus es besteht, wie viele Teile dazu benötigt wurden, dann nimm es auseinander und zerlege es in seine Bestandteile. So lernst du das Auto in- und auswendig kennen, kein Geheimnis bleibt dir verborgen, du wärst, hättest du alle benötigten Teile zur Verfügung, jederzeit imstande, ein solches Auto zu konstruieren und zu bauen – aber versuche nur ja nicht, mit dem zerlegten Auto zu fahren. Es wird sich nicht von der Stelle bewegen. Es hat seine Funktion, seine Kraft, seine Bedeutung verloren. Vor dir liegen zwar alle Bestandteile, die zu einem vollständigen Auto gehören, aber es ist trotzdem kein Auto mehr. Das Ding fährt nicht. Es hat seinen Wert eingebüßt.

Dieser Vergleich mit dem Auto ist jedoch nur bedingt richtig. Mit dem Wissen, das du dir angeeignet hast, kannst du das Ding wieder zusammensetzen. Ein gelüftetes Geheimnis ist kein Geheimnis mehr. Zerklärte Wahrheiten sind keine geistlichen Wahrheiten mehr, es sind kraftlose, tote Lehrsätze. Wir stehen vor der erschütternden Tatsache: Was ganzen Heerscharen von Gegnern in Jahrhunderten nicht gelungen ist, hat das Christentum selbst zustande gebracht. Es hat sein Geheimnis preisgegeben, hinwegerklärt, es hat sich durch seinen krankhaften Wahn, verstanden und akzeptiert sein zu wollen, um seine Kraft und um sein Leben gebracht. Und noch immer buhlt es um Anerkennung, versucht es, die Aufmerksamkeit der Welt auf sich zu lenken, und scheut keinen Trick, keinen Effekt, kein Geld, um sich ins Bewußtsein der Öffentlichkeit zu bringen. Wie gleicht es doch jener vergessenen „Dirne", die bereit war, ihre Liebhaber sogar zu bezahlen, damit man sich mit ihr abgab, nur um ja nicht als „ausrangiert", als veraltet, zu gelten. Wie aufdringlich, wie marktschreierisch, wie ungeniert und skrupellos ist sie doch geworden, jene keusche Jungfrau, die sich einst mit Schamhaftigkeit, mit einem sanften und stillen Geist schmückte. Wie hat sie sich preisgegeben, die einst so verborgen und zurückgezogen lebte, weil sie um ihr Leben bangen mußte, und der trotzdem niemand widerstehen konnte. Wie gibt sie heute billig, was ihr einst so teuer und kostbar war und wofür viele in den Tod gingen! Möge der Herr uns gnädig sein!

Christus, das Geheimnis Gottes

Gott ist nicht so. Er hütet Seine Geheimnisse. Er gibt sie nicht leichtfertig preis. In Psalm 25,14 lesen wir: „Das Geheimnis des Herrn ist für die, welche ihn fürchten, und sein Bund, um ihnen denselben kundzutun." Sprüche 3,32 sagt: „Sein Geheimnis ist bei den Aufrichtigen." Für den natürlichen, unerleuchteten Sinn bleibt Gott ein ewiges, undurchdringliches Geheimnis. Es ist unmöglich, in die Geheimnisse Gottes einzudringen, wenn nicht das geschieht, was die Bibel „Offenbarung" nennt. Gott selbst ist es, der Einblick in Seine Geheimnisse gewährt. Er ist es, der Menschen vertraut macht mit den Dingen, die außer Ihm niemandem bekannt sind.

Es ist nun entscheidend wichtig zu erkennen, daß alles, was das Christentum charakterisiert, alles, was es hervorgebracht hat und verkörpert, diesen Geheimnischarakter hat und auch als Geheimnis behandelt werden muß, wenn es uns nicht verlorengehen soll. Das heißt nicht, daß wir mit der christlichen Botschaft geheimnisvoll tun sollen; Geheimnistuerei ist nur eine andere Form von Propaganda, des Ausplauderns, des Zurschaustellens. Das würde wiederum nur den Geheimnischarakter der Botschaft zerstören. Wenn die Bibel das Wort „Geheimnis" braucht, dann meint sie etwas, das gar nicht erklärt werden kann, das zu analysieren unmöglich ist; bei dem es nur eine Möglichkeit gibt dahinterzukommen: auf dem Wege der Offenbarung durch Gott selbst. Davon werden wir noch sprechen. Gott selbst ist unergründlich. Niemand wird Gott je verstehen und begreifen können, so wie man hier in Zeit und Raum Dinge versteht und begreift. Gott ist nicht analysierbar, nicht definierbar. Er entzieht sich jeder Methode, hinter Sein Geheimnis zu kommen. Er wohnt in einem Licht, „da niemand zukommen kann". Es ist im Neuen Testament gut zu beobachten, daß, je näher wir den zentralen Wahrheiten der neutestamentlichen Offenbarung kommen, desto häufiger das Wort „Geheimnis" auftaucht oder eben das Wort „Offenbarung" als der einzige Weg, in diese Geheimnisse einzudringen. Alles, was geistlich wirklich ist, ist ein Geheimnis. Was man erklären, definieren, verständlich machen kann, hat sich von der Wirklichkeit gelöst, hat sich dem Geheimnis entzogen und existiert nur noch als Theorie, als Lehre, als Gedanke oder Idee in den Köpfen der Menschen. Wer Gott kennenlernen will, muß bestimmte Bedingungen erfüllen. Er muß eine bestimmte Art von Mensch sein. Nicht jeder kann ohne weiteres Gott erkennen. Im nächsten Abschnitt werden wir mehr darüber sagen.

Nun aber zu der wichtigen Frage: Was ist das Geheimnis Gottes? Sagt die Schrift etwas darüber? Wiederum ist es der Apostel Paulus, der diese Frage beantwortet hat. Er betrachtete sich als „Verwalter der Geheimnisse Gottes" (1. Korinther 4,1). In seinen Briefen an die Epheser und Kolosser redet er ausführlich über das Geheimnis Gottes, das vor den Zeitaltern bei Gott verborgen war und nun den Aposteln und Propheten des Neuen Bundes geoffenbart worden sei: „... denen Gott kundtun wollte, welches der Reichtum der Herrlichkeit dieses Geheimnisses sei unter den Nationen, welches ist Christus ..." Für den Apostel war Christus das Geheimnis Gottes. Er hatte einst nichts von diesem Christus gewußt, ja, nichts von Ihm wissen wollen. Er glaubte, Gott zu kennen, und in seinem blinden Eifer wollte er alles zerstören und ausrotten, was seinem Gottesverständnis widersprach. Dies ging so lange, bis es „Gott wohlgefiel, seinen Sohn in mir zu offenbaren" (Galater 1,15). Von diesem Tag an wurde er ein Diener dieses Christus, sein Evangelium war das Evangelium von Christus, und je länger er diesem Christus diente, um so tiefer drang er in das Geheimnis ein, das hinter diesem Namen steckte. Er ging so weit zu sagen, in Christus wohne die Fülle der Gottheit leibhaftig, in Ihm seien alle Schätze der Weisheit und der Erkenntnis verborgen. Sein ganzes Verlangen bestand darin, „ihn zu erkennen und die Kraft seiner Auferstehung"; er wollte nichts anderes wissen als Christus, und diesen gekreuzigt. Je älter er wurde, desto mehr konzentrierten sich für ihn alle Dinge in Christus, und zwar im Himmel und auf Erden. Alle Gedanken, alle Pläne, alle Absichten Gottes fand er in Christus verwirklicht. Dieses Geheimnis reichte zurück in die Ewigkeit vor der Zeit, und wenn er in die Zukunft blickte, gab es für ihn wiederum nichts als „Christus alles und in allem". Christus war für ihn die Summe aller geistlichen Dinge. Je mehr er von Christus erkannte, desto mehr ging ihm auf, wie tief, wie unergründlich, wie unausschöpfbar dieses Geheimnis war. Dieses Geheimnis war der Schatz der ersten Christengeneration, es war der kostbare Schatz im irdenen Gefäß. Es war die Stoßkraft und die Motivation für alles, was jene Christen vollbrachten. Der Heilige Geist nahm unaufhörlich vom erhöhten Christus und schüttete aus Seiner Fülle in die Menschenleben hinein, es war eine Fülle von „Weisheit und Erkenntnis" und von Kraft.

Was ist inzwischen mit diesem Geheimnis geschehen? Wer ist Christus für uns? Wo stehen wir, wenn es um die Erkenntnis Christi geht? Stehen wir innerhalb oder außerhalb dieses Geheimnisses? Wiederum müssen wir feststellen, daß wir meilenweit von der Christuserkenntnis des Neuen Testamentes entfernt sind. Viele, wohl die meisten Christen kennen Christus nach dem Fleisch, die einen besser, die andern weniger gut. Sie wissen, daß Er als Jesus von Nazareth auf Erden lebte, Wunder tat, Kranke heilte, Dämonen austrieb, am Kreuz starb, am dritten Tag auferstand und schließlich nach fünfzig Tagen in den Himmel fuhr. Einige wissen zusätzlich, daß Er, bevor Er wegging, versprach wiederzukommen. Also warten sie auf Seine Zurückkunft, die einen sehnlichst, die andern gleichgültig. Wer aber überbrückt die zweitausend Jahre? Wo ist Christus jetzt? Wir sagen natürlich: im Himmel. Wir können jederzeit zu Ihm beten, und Er erhört uns. Das stimmt alles. Aber entspricht dies dem Zeugnis des Neuen Testamentes? Wo bleibt das Geheimnis dieser Person? Wo ist die Leidenschaft geblieben, mit der die Apostel und Propheten kämpften, litten und starben, „um in Christus erfunden zu werden"? Was bedeutet es, wenn Paulus sagt, daß er sich Tag und Nacht abgemüht habe, jeden Menschen vollkommen „in Christus" darzustellen? Was bedeutet es, wenn der Apostel im Galaterbrief ruft, er leide abermals Geburtswehen, bis Christus in den Gläubigen dort „gestaltet werde"? Wir müssen bekennen, daß uns das Geheimnis dieser Person abhanden gekommen, verlorengegangen ist. Bei dem, was man heute von Christus zu hören bekommt, geht alles auf, alles ist erklärbar, alles ist lehrmäßig festgehalten, Punkt für Punkt. Wo sind die Männer und Frauen, die am Ende ihres Lebens, ihres Dienstes, vergessen, was hinter ihnen liegt, es für Kot achten, weil sie erkannt haben, daß da etwas in Christus verborgen liegt, das sie noch nicht ausgeschöpft haben? Die bereit sind, alles aufzugeben, um Christus zu gewinnen, selbst nachdem sie alles hatten, was ihnen das Christentum ein Leben lang geboten hat? Es geht heute nicht darum, wieviel wir von Christus wissen, es geht nur um die eine Frage: Befinden wir uns innerhalb oder außerhalb dieses Geheimnisses Gottes? Ist es uns geoffenbart worden, oder glauben wir letztlich nur das, was andere uns über Ihn gelehrt haben? Das ist ja ein weiteres Kennzeichen des Neuen Bundes, daß keiner mehr den andern lehren muß: „Erkenne den Herrn", sondern daß vom Kleinsten bis zum Größten jeder den Herrn erkennen wird. Wie steht es mit uns?

Offenbarung

Wir brauchen Offenbarung. Aber was ist Offenbarung? Wie gelangen wir dazu?

Um das Wesen der Offenbarung besser verstehen zu können, müssen wir zwei Schriftworte einander gegenüberstellen, die in einmaliger Weise zeigen, welches Wunder sich darin verbirgt. Das erste finden wir in Matthäus 11,27: „Niemand erkennt den Sohn als nur der Vater; und niemand erkennt den Vater als nur der Sohn und wem irgend der Sohn ihn offenbaren will." Dieses Wort ist für den natürlichen, unerleuchteten Sinn niederschmetternd: „Niemand erkennt den Sohn als nur der Vater ..." So ist es denn wohl für alle Zeiten ausgeschlossen, Christus, das Geheimnis Gottes, je erkennen zu können! Niemand! Gott hat eine Erkenntnis von Christus, die ohne göttliche Hilfe niemals von irgendeinem Geschöpf je gefunden werden kann. Wenn Gott nicht etwas unternimmt, ist es aufgrund dieser Aussage unmöglich, Christus, den Sohn, zu erkennen. Es gibt ein Wissen bei Gott, das nur Ihm zugänglich ist, das nur Er besitzt, in das nur Er einführen und einweihen kann. Dieses Wissen ist Sein Geheimnis. Und da alle Gedanken Gottes sich in Christus konzentrieren, in Ihm ihren Ausgangspunkt, ihr Zentrum und ihr Ziel haben, ist eben Christus Sein verborgenes, wohlgehütetes, niemals ausgeplaudertes Geheimnis, und es ist unmöglich, hinter dieses Geheimnis zu kommen, es sei denn, Gott selbst würde uns in sein Vertrauen ziehen und uns dieses Geheimnis mitteilen. Dieses Ins-Vertrauen-Ziehen, dieses Eingeweihtwerden, dieses Eingeführtwerden in das Geheimnis Gottes nennt die Bibel „Offenbarung".

Nun steht aber auch das zweite Wort in der Schrift, in Galater 1,15: „Als es aber Gott ... wohlgefiel, seinen Sohn in mir zu offenbaren ..." Von Paulus und seinem Verhältnis zur neutestamentlichen Wirklichkeit und zum Geheimnis Gottes haben wir gesprochen. Es hat vor und nach Paulus keinen gegeben, der eine solch tiefe Einsicht in die Geheimnisse Gottes besaß wie er. Hier sagt er uns, wie er zu diesen Einsichten gelangt ist. Es ist wichtig, hier Wort für Wort einzeln zu betrachten.

Zunächst einmal heißt es, es habe Gott *wohlgefallen,* ihm Seinen Sohn zu offenbaren! „Wohlgefallen" – was für ein herrliches Wort! Vorhin hörten wir, daß es unmöglich sei, je in Gottes Geheimnis eindringen zu können, wenn Gott uns nicht selbst in Sein Geheimnis einweiht. Und nun lesen wir, es habe Gott wohlgefallen, Paulus Seinen Sohn zu offenbaren. Was für ein Evangelium für alle, die danach dürsten, Christus zu erkennen. Es gefällt Gott wohl, Seinen Sohn zu offenbaren! Es macht Ihm Freude, ja, es ist Ihm geradezu ein Bedürfnis, es verlangt Ihn danach, Menschen Seinen Sohn in Seiner ganzen Herrlichkeit zu zeigen. Gott möchte mit Seinem Geheimnis nicht allein bleiben. Er möchte, daß viele, ja alle daran teilhaben! In Gott ist etwas, das Ihn drängt, sich zu offenbaren, sich mitzuteilen, andere an sich teilhaben zu lassen. Es gefällt Gott wohl, Seinen

Sohn zu offenbaren! Gilt das für uns alle? Ja, wenn wir auf die Bedingungen achten, die damit verbunden sind.

Geheimnisse vertraut man denen an, zu denen man Vertrauen gewonnen hat. Dies setzt ein Vertrauensverhältnis voraus, eine Freundschaft, eine Intimität. Denn Geheimnisse müssen Geheimnisse bleiben, sie müssen ihren Geheimnischarakter behalten. Wir müssen uns an die beiden Worte erinnern, die wir früher schon erwähnt haben: „Das Geheimnis des Herrn ist für die, welche ihn fürchten, und sein Bund, um ihnen denselben kundzutun" (Psalm 25,14). Gott fürchten heißt, Ihn zu respektieren, Gott in Seiner Erhabenheit und Größe, in Seiner Stellung als Gott anzuerkennen und zu verehren, Seine Intimität zu wahren, Ihm das zukommen zu lassen, was Ihm gebührt. Je höher eine Person steht, desto mehr Dinge gibt es, die nicht an die Öffentlichkeit gehören. Gott zu fürchten bedeutet also, Gott als den geheimnisvollen, unerklärlichen Herrn zu respektieren, Ihm treu zu sein, Ihm völlig, bedingungslos zu vertrauen. Solche Menschen zieht Gott ins Vertrauen, solche weiht Er in Seine Geheimnisse ein, solchen zeigt er Seinen Sohn, das Geheimnis aller Geheimnisse, das Mysterium aller Mysterien.

Das zweite Wort war in Sprüche 3,32: „Sein Geheimnis ist bei den Aufrichtigen." Aufrichtigkeit vor Gott setzt voraus, daß wir zerbrochen sind. *Nur zerbrochene Menschen sind aufrichtig.* Von Natur aus sind wir voller Fehleinschätzungen. Wir halten uns für treu, wir halten uns für vertrauenswürdig, wir halten uns für fähig, daß Gott uns Seine Geheimnisse anvertrauen kann, aber wir sind es nicht. Erst wenn es Gott gelungen ist, unsere natürliche Grundlage zu erschüttern, zu zerschlagen, erst wenn alle Illusionen zerronnen sind und wir auch noch den letzten Rest von Selbstvertrauen und Selbsteinschätzung verloren haben, beginnen wir, aufrichtig zu sein. Seht Paulus an! Wie sehr glaubte er, jemand zu sein! Wie sehr glaubte er sich im Recht, als er die Christen verfolgte und Jesus von Nazareth verfluchte! Bis die Stunde kam, da er vom Pferd stürzte, buchstäblich und sinnbildlich! Bis er drei Tage lang blind war für diese Welt, für sich und seine Umgebung, sich aber in Gottes Licht anfing zu sehen – da wurde er aufrichtig. Und Gott „gefiel es wohl, seinen Sohn in ihm zu offenbaren". Die meisten Christen möchten wohl dieselben Offenbarungen haben wie der Apostel Paulus, aber sie sind nicht bereit, sich wie er zerbrechen zu lassen. Offenbarung fordert ihren Preis! Wie schon eingangs gesagt – Gott gibt Seine Dinge nicht billig! Es handelt sich um kostbare Perlen, die man verbergen muß, damit sie nicht geraubt und verschleudert werden. Auch wenn es Gott Freude macht, Seinen Sohn zu offenbaren, tut Er dies doch nur dann, wenn die Voraussetzungen gegeben sind, wenn wir aufrichtig geworden sind, das heißt, wenn wir erkannt haben, daß in uns, in unserem Fleisch, nichts Gutes wohnt. Das wiederum bedeutet, daß im Lichte Gottes selbst das „Gute" in uns nicht gut ist, das Beste in uns vor Ihm nicht bestehen kann. Dies ist die Ausgangsbasis dafür, daß Gott uns in Seine Geheimnisse einweihen kann. Würde Er es tun, bevor wir zerbrochen sind, so würden wir stets unsere eigenen Dinge mit Gottes Geheimnis vermischen. Wir würden die Dinge verzerren und entstellen, wir würden ihren Wert nicht richtig einschätzen und die Perlen vor die Schweine werfen. Nur Glas kann Gottes Licht ungetrübt reflektieren, und damit Sand zu Glas wird, muß er ins Feuer. Offenbarung setzt uns dem Licht und dem Feuer Gottes aus, und dabei werden wir umgeschmolzen. Möge der Herr uns helfen, daß wir bereit werden, von Ihm zerbrochen zu werden, damit wir Offenbarung empfangen.

Aber da ist noch ein wichtiger Punkt in dieser Aussage von Paulus. „Als es aber Gott wohlgefiel, *seinen Sohn* in mir zu offenbaren ..." Viele Christen stellen sich unter den Geheimnissen Gottes tiefe Einsichten in die Zusammenhänge des Kosmos, der Schöpfungsmysterien, der himmlischen Hierarchien und womöglich der verschiedensten Zeitalter vor, ungefähr das, was man in den antiken Mysterienkulten suchte. Nein, Gottes Geheimnis ist Christus, und in erster Linie *Christus als der Sohn Gottes*. Von Ihm sagte der Schreiber des Hebräerbriefes, Er sei „der Sohn, vollendet in Ewigkeit" (Hebräer 7,28). Es ist interessant zu erfahren, daß besonders Paulus Christus als den *Sohn* geoffenbart bekam. Was er von diesem Sohn alles zu sagen weiß, kann man in seinen Briefen nachlesen. Immer wieder dreht sich seine ganze Sicht, seine ganze Erkenntnis um Ihn, den Sohn, und wir sehen deutlich, wie fasziniert er von Ihm gewesen sein muß. Er war bereit, alles als Kot zu betrachten um der Vortrefflichkeit der Erkenntnis Christi Jesu willen.

Wenn wir Offenbarungen suchen, sollen wir nicht nach geheimnisvollen Mysterien suchen; Gottes Geheimnis ist der Sohn. Nur durch den Sohn erfahren wir etwas über die Schöpfung, über die himmlischen Bereiche, über Vergangenheit und Zukunft, denn Er ist vor allem, und alles besteht durch Ihn. Er ist der Erstgeborene vor aller Schöpfung, Er ist die Zusammenfassung alles dessen, was im Himmel und was auf der Erde ist. Er ist aber auch der Erstgeborene von den Toten, Er ist Anfang und Ende, Er ist alles in allen, das Haupt über alles! Das sind die äußersten Ränder dieses Geheimnisses, dessen Tiefe uns noch lange verschlossen bleiben wird. Es wird viele zukünftige Zeitalter brauchen, um dieses Geheimnis zu erforschen, und diese ganze Schöpfung wird viele Prozesse zu durchlaufen haben, bis sie fähig sein wird, diesen Sohn zum Ausdruck zu bringen.

Zuletzt steht da noch: „... seinen Sohn *in mir* zu offenbaren ..." Jede Offenbarung Gottes ist etwas tief Inwendiges. Wenn Paulus betete, daß Gott den Ephesern den Geist der Weisheit und Offenbarung schenken möge, um Ihn zu erkennen, dann dachte er nicht an charismatische Prophetie, an äußerliche Weissagungen. Diese

Dinge vermögen niemals Gottes Geheimnisse zu ergründen. Dieser Geist der Weisheit und Offenbarung tut ein tief inwendiges Werk. Tief innen, im Heiligtum des Menschen, in seinem Geist, öffnet uns Gott den Zugang zu Seinen Geheimnissen, offenbart Er uns den Sohn, verbindet Er uns mit Ihm, ja, vereinigt Er uns mit Christus, so daß wir anfangen, uns im Innern dieses Geheimnisses zu bewegen. Wir fangen nicht nur an, etwas von diesem Geheimnis zu wissen, sondern wir werden Teil dieses Geheimnisses, wir fangen an, im Bereich dieses Geheimnisses zu leben, in es hineinzuwachsen. Christus wird zu unserem Leben, zu unserer Kraft, zu unserer Wirklichkeit, Er wird uns zum Gesetz, zum Maßstab, zu unserem neuen Ich. Wir fangen an, Ihn zu *erkennen,* wie man in der Bibel erkennt, nämlich durch Gemeinschaft und vertrauten Umgang, durch Einswerden und sich gegenseitig Durchdringen. Das ist das innerste Wesen biblischer Offenbarung. Hier befinden wir uns wiederum im Zentrum des Heilsratschlusses Gottes und dessen, was wir im letzten Kapitel als neutestamentlich geschildert haben. Damit dies geschehen kann, muß das Kreuz bei jedem von uns ein gründliches Werk tun. Alles andere ist zu kurz geraten, ist ungeeignet. Und wohlverstanden – es gefällt Gott wohl, Seinen Sohn zu offenbaren! Gefällt es uns auch wohl, von Ihm zerbrochen zu werden, damit Er Ihn uns offenbaren kann? Der Herr schenke uns Gnade.

Dadurch, daß die Offenbarung in uns geschieht, bleibt Gottes Geheimnis gewahrt. Denn das Wesen dieser inwendigen Wirklichkeit ist die Liebe. Nur Liebe erkennt. Nur Liebe führt zur gegenseitigen Durchdringung und Vermählung. Und Liebende wissen ihr Geheimnis zu wahren. Nur wahrhaft Liebende wissen zwischen rein und unrein, zwischen keusch und unkeusch, zwischen heilig und profan zu unterscheiden. Ein Mann, der seine Frau wahrhaft liebt, bewahrt ihr Geheimnis. Dasselbe gilt umgekehrt. Die Liebe kann nur

durch ihr Geheimnis stark und lebendig sein. Alles Ausplaudern, alles Zerreden, alles leichtfertige Ausschwat-
zen zerstört ihr Geheimnis und raubt ihre Kraft. In noch
viel größerem Maße trifft dies auf die Dinge Gottes zu.
Selbst wenn Gott sich vielen offenbart, bleibt das Geoffenbarte dennoch der kostbare und verborgene Besitz
von Liebenden, die ihr Geheimnis zu wahren wissen.
Nur so behält das Christentum seine Kraft, seine Tiefe
und auch seine Anziehungskraft.

Offenbarung ist auch stets persönlich: „... in mir ..."
Sie läßt sich nicht auf andere übertragen. Selbst wenn
andere mir von ihrer Offenbarung berichten, wird sie
für mich erst dann zur geistlichen Wirklichkeit, wenn
ich es selbst sehe, wenn es „in mir" geoffenbart worden
ist.

Geistliche Sicht

In geistlicher Beziehung sind wir alle Blindgeborene.
„Der natürliche Mensch aber nimmt nicht an, was des
Geistes Gottes ist, denn es ist ihm eine Torheit, und *er
kann es nicht erkennen,* weil es geistlich beurteilt wird"
(1. Korinther 2,14). Ein gewaltiges „kann nicht" steht
über uns allen. Der natürliche Mensch gehört einer völlig anderen Kategorie an als der geistliche Mensch, und
zwischen ihnen ist eine unüberbrückbare Kluft. Nur in
Christus kann diese Kluft, dieser Abgrund, beseitigt
werden. Davon spricht der Vorfall in Johannes 9. Jesus
hatte hier besonders die damaligen religiösen Führer
vor Augen, ihre Blindheit und ihr Unvermögen, den zu
erkennen, der leibhaftig vor ihnen stand. Es ist merkwürdig, daß gerade religiös geprägte und theologisch
gut informierte Leute so blind sein sollten. Hatte Jesus
etwas gegen Theologie? Stimmt es, daß man, um ein
Kandidat für göttliche Offenbarung zu sein, sich dumm
stellen, alle Bücher verbrennen und alle Theologen verdammen muß? Nein. Jesus hatte die Theologen genau-

so lieb wie die einfachen Gläubigen aus Galiläa. Die Frage der intellektuellen Bewältigung geistlicher Dinge steht hier überhaupt nicht zur Diskussion. Es geht hier besonders um Menschen, die im Namen irgendeiner Lehre, irgendeiner Theologie, irgendeiner besonderen Erfahrung oder Erkenntnis blind draufloseifern, alle verdammen, die nicht dasselbe sehen wie sie, ja, die glauben, das Recht zu haben, über das ewige Heil oder Unheil von Menschen zu entscheiden. Vor allem waren es Menschen, die gewisse Dinge nicht sehen wollten, die bereit waren, jedes Argument zu akzeptieren, um etwas, das nicht in ihr Konzept paßte, zu bekämpfen. Menschen, die für nichts anderes offen sind, als für das, was sie vertreten, sind blind; sie können nicht hinhören, sie können sich nicht mit anderen Ansichten auseinandersetzen, sie sind intolerant. Bekanntlich findet man die fanatischsten und intolerantesten Menschen gewöhnlich in frommen Kreisen. Diese hat der Herr im Auge, weil sie am deutlichsten das Wesen des natürlichen Menschen offenbaren. Was wir benötigen, ist deshalb geistliche Sicht, geistliches Sehvermögen. Die Augen unseres Herzens müssen geöffnet werden, damit wir sehen können, und zwar so sehen, wie Gott sieht.

Wie gelangen wir dazu? Brauchen wir dazu das Charisma des visionären Schauens? Brauchen wir dazu Träume und Gesichte? Gott braucht Träume und Gesichte, wir lesen davon in der Bibel und wissen es aus der Kirchengeschichte, aber Träume und Gesichte machen uns nicht geistlich sehend. In Johannes 9 tat der Herr etwas anderes. „Als er dies gesagt hatte, spuckte er auf die Erde und bereitete einen Kot aus dem Speichel und strich den Kot wie Salbe auf seine Augen; und er sprach zu ihm: Gehe hin, wasche dich im Teich Siloah" (9,6). Was bedeutet dies? Um geistlich sehend zu werden, brauchen wir diese Augensalbe, die Jesus hier bereitete. Er nahm Speichel, etwas aus Seinem Munde, etwas von sich selbst – ein Hinweis für die Aktivität des Logos, des Wortes. Diesen Speichel vermengte Er mit etwas Erde – etwas, worauf wir wandeln, worin wir leben. Mit anderen Worten: das, was uns allein geistlich sehend machen kann, ist die Behandlung, die der Heilige Geist uns durch die Umstände unseres Lebens und unserer Umwelt zuteil werden läßt. Es gibt keine geistliche Erkenntnis ohne gleichzeitige Behandlung durch Gott. Gott muß durch den Heiligen Geist so mit uns verfahren, daß alle Umstände, in die Er uns bringt, dazu führen, uns zu beseitigen, uns in den Tod zu bringen. Es heißt, Jesus habe Kot auf die Augen gestrichen – meistens sind es die Umstände, in denen wir uns nicht so wohl fühlen, wo wir uns von Gott und den Menschen verlassen vorkommen, die unsere geistlichen Augen zu öffnen vermögen. Wir sind von Natur aus Ausweicher. Wir möchten, daß immer alles glatt geht, daß unsere Probleme sofort gelöst werden, wir unsere Partner sofort finden, wir sofort geheilt werden usw. So aber bleiben wir geistlich blind. Wir müssen lernen, alle Umstände, sofern wir sie nicht selbst verschuldet haben (aber selbst dann noch!), als von Gott so angeordnet zu akzeptieren. Wenn wir unser Leben Gott übergeben haben – und das bezeugen wir doch, wenn wir uns bekehren –, dann müssen wir auch Ernst machen mit der Tatsache, daß alle Umstände, alle Menschen, alle Verhältnisse unter Seiner Kontrolle, unter Seiner Zulassung sind mit dem einen Zweck, uns sehend zu machen.

Noch einmal – wir alle sind Blindgeborene, wir alle sind blinde Eiferer, wir alle brauchen diesen Kot aus Speichel und Erde. Wir alle müssen von Gott behandelt werden, unser Ich muß sterben. Aber wir brauchen noch etwas anderes: Wir müssen uns im Teich Siloah waschen. Das kann verschiedene Bedeutungen haben, angefangen von der Taufe bis hin zur täglichen Reinigung. Aber das Wort „Siloah" drückt etwas aus, was zu geistlicher Sicht unbedingt notwendig ist: absoluten Gehorsam. Siloah heißt „gesandt". Wer sich im Teich

Siloah wäscht, unterstellt sich der absoluten Autorität dessen, der gesandt wurde, um uns sehend, geistlich sehend, zu machen. Abrahams Glaube war vor allem ein Glaube des Gehorsams. Und von Abraham heißt es, er habe „ihn, nämlich Christus", gesehen. Ja, noch mehr: Abraham sah sogar etwas von der Stadt, die Grundlagen hatte, und er wartete auf sie. Er sah also bereits das Ziel aller Wege und Führungen Gottes, obwohl er wußte, daß er es „ohne uns", die späteren, die Erben, nicht würde erreichen können. Brüder und Schwestern, wundern wir uns, daß wir geistlich so blind sind, wenn wir uns chronisch der Behandlung durch Gott entziehen, indem wir unsere eigenen Wege gehen, indem wir ständig den Schwierigkeiten ausweichen und das Leichtere wählen?

Gott helfe uns, daß wir uns dem Sohn Gottes stellen, uns von Ihm behandeln lassen und uns im Teich Siloah waschen. Dann gilt dieser Ausruf auch von uns: „Eines weiß ich, daß ich blind war und jetzt sehe!"

Ein Sohn, vollendet in Ewigkeit

Wir haben von geistlicher Sicht und von Offenbarung gesprochen. Eines der ersten Dinge, die wiederhergestellt werden müssen, wenn wir neutestamentliche Wirklichkeit erreichen wollen, ist eine neutestamentliche Sicht von Christus, unserem Herrn. Wir müssen den Herrn so sehen und erkennen lernen, wie Ihn die Apostel und Propheten des Neuen Bundes sahen und erkannten. Und hier stoßen wir auf ein Problem, das nicht unbedingt einfach zu verstehen ist. Ich möchte deshalb diejenigen, die sofort „Häresien" (Ketzereien) wittern, wenn etwas nicht genau so dargestellt wird, wie sie es gewohnt sind oder wie die Tradition es haben will, bitten, mir etwas Kredit zu gewähren und sich mit ihrem Urteil vorerst zurückzuhalten. Das Wort von Professor Helmut Thielicke: „Man muß Häresien wagen, um die Wahrheit zu erfahren", hat etwas für sich. Wir haben durchaus nicht die Absicht, uns irgendwie von der Wahrheit des neutestamentlichen Zeugnisses zu entfernen; davor möge uns Gott bewahren. Aber es könnte sein, daß wir auf unserer geistlichen Entdeckungsfahrt in Gebiete vorstoßen, die uns zunächst etwas fremd oder ungewohnt erscheinen, weil sie den engen Kreis der traditionellen Anschauung verlassen und Perspektiven eröffnen, die von der herkömmlichen Dogmatik nicht vorgesehen sind, ja, vor denen manchmal sogar gewarnt wird. Aber uns geht es nicht um einzelne

Aspekte des christlichen Lehrgebäudes, sondern um die Fülle des neutestamentlichen Zeugnisses.

Wie wir im letzten Kapitel gesehen haben, handelt es sich hierbei um ein geistliches Geheimnis, das sich niemals dogmatisch bestimmen und festlegen läßt. Das Neue Testament spricht von Wirklichkeiten, es ist deren Zeugnis und kein Lehrbuch. Es nützt uns nichts, wenn wir eine noch so genaue Landkarte von einer schönen Gegend haben, solange wir nicht eine Fahrkarte lösen und hinfahren. Die Karte ist nicht die Wirklichkeit, sie ist nicht einmal ein annähernder Ersatz für die Wirklichkeit. Sie zeigt zwar Einzelheiten auf, und anhand der Karte kann man sich recht genau informieren; aber auf der Karte scheint keine Sonne, es regnet nicht, es weht kein Windhauch, es gibt weder Bäume noch Blüten, es duftet nicht nach Harz und kräftigem Pflanzenwuchs. Auf der Karte bewegt sich nichts – es ist eben nicht die Wirklichkeit selbst.

Genauso verhält es sich mit der Beziehung zwischen der christlichen Lehre und der Wirklichkeit. Solange ich nur meine Dogmatik habe, nur die rechte Lehre (und es mag die beste Lehre sein, die es im Augenblick gibt), gleiche ich einem Menschen, der zwar alle Landkarten der Welt besitzt (und sie vielleicht alle auswendig kennt), der aber noch keinen Schritt vor seine Tür gesetzt hat, um zu sehen, wie es wirklich in der Welt draußen aussieht. Uns geht es darum, daß wir in die Wirklichkeiten eindringen, die das Neue Testament bezeugt. Nur so gelangen wir zu echter Gotteserkenntnis, und nur so entsprechen wir dem, was der Herr sich unter einem Gläubigen des Neuen Bundes vorstellt.

In der Apostelgeschichte wird der neue christliche Glaube an mehreren Stellen als „Weg" bezeichnet, den es zu gehen gilt. Die Christen waren solche, die „des Weges" sind. Christus selbst nannte sich unter anderem „der Weg", und Er bezeichnete sich als „Tür", durch die man eingehen muß. Solche Ausdrücke deuten darauf hin, daß wir geistliche Dinge nur dann erkennen können, wenn wir uns in einer bestimmten Richtung bewegen bzw. einen bestimmten Weg beschreiten. Wir haben es mit etwas zu tun, das wir nur gewinnen können, wenn wir uns mit unserem ganzen Wesen darauf einlassen, es auf uns wirken lassen, in es eindringen, uns völlig damit verbinden, darin aufgehen. Lehrfragen können uns eine Hilfe sein, uns zu orientieren. Aber damit ist ihre Funktion auch schon erschöpft. Wir wollen nicht jenen Schriftgelehrten gleichen, die zwar ganz genau wußten, daß Christus in Bethlehem geboren werden sollte, die es aber nicht für nötig hielten hinzugehen, um den König zu empfangen. Laßt uns vielmehr mit den Weisen nach Bethlehem gehen, vor dem Kind niederfallen und es anbeten. Das ist die einzige Möglichkeit, den wirklich kennenzulernen, der damals in der Krippe lag. Wir wollen dies mit Ehrfurcht und Hingabe tun, selbst wenn wir dazu, wie einst diese weisen Männer, einen weiten Weg zurücklegen müssen.

Christus, das Zentrum aller Gedanken und Pläne Gottes

Gottes Gedanken kreisen unablässig um Seinen geliebten Sohn. Was immer Er sich vornahm, was immer Er beschloß, unternahm und ausführte, alle Seine Werke und Schöpfungen in der sichtbaren und unsichtbaren Welt gingen von Christus aus und führten zu Christus zurück. Das Wort, das in den Evangelien mehrfach erwähnt wird, das der Vater anlässlich der Taufe bzw. der Verklärung auf dem Berge über dem Sohn sprach, hat eine viel tiefere und umfassendere Bedeutung, als es im ersten Moment den Anschein haben mag: „Dieser ist mein geliebter Sohn, an welchem ich Wohlgefallen gefunden habe" (Matthäus 3,27). Daß Christus Gottes Wohlgefallen gefunden hat, bedeutet, daß Gott in Christus das gefunden hat, was Er suchte, daß alle Seine Bedürfnisse in Christus vollkommen befriedigt wurden, alle Seine Ansprüche und Vorstellungen in Christus ihre Erfüllung und Vollendung fanden. In Christus ist Gott zur Ruhe gekommen, mit Christus kann sich Gott vollkommen identifizieren. Damit ist aber gleichzeitig ausgesagt, daß nichts anderes als Christus Gott befriedigen kann und daß es für Christus in Gottes Augen keinen Ersatz, kein Surrogat, geben kann.

Diese Einsicht hat für jedes Gotteskind ernsthafte Konsequenzen. Die wichtigste Erkenntnis, die sich für uns ergibt, ist die Tatsache, daß wir, sosehr wir uns auch bemühen mögen, Gott niemals gefallen können. Wir sind nicht Christus. Christus war und ist in jeder Beziehung ganz anders als wir. Werfen wir nur einen kurzen Blick in die Evangelien. Wie oft verwunderten oder ärgerten sich doch die Jünger, weil Jesus sich anders verhielt, als sie es erwartet hatten. Er paßte einfach in kein menschliches Konzept. Er sprengte jede Tradition, jede religiöse und manchmal sogar moralische Form, weil Er einem Gesetz folgte, das die menschlichen Grenzen aufhob und transzendierte. Mehr als einmal erklärte der Herr, warum Er so und nicht anders handelte und redete: „Die Worte, die ich zu euch spreche, sind nicht mein", „Ich tue die Werke meines Vaters; so, wie ich den Vater wirken sehe, so wirke ich ..." Er war in allen Dingen der gehorsame Sohn, der allen Willen Gottes erfüllte, ohne jede Rücksicht auf sich selbst. Aber das ist nicht der einzige Grund, weshalb der Herr Gottes Wohlgefallen gefunden hat. Er war auch der vollkommene Mensch. Er war das, was Gott sich vorstellte, als Er Adam bildete: ein im Vollsinn menschliches Wesen, unverdorben, ohne Sünde; ein Mensch, der in voller Freiheit die Gedanken Gottes über den Menschen zum Ausdruck brachte. Darum bezeichnete Er sich gern als „Menschensohn". Er war die vollkommene Manifestation Gottes in Menschengestalt. So wie Er war, so war Gott. Gott war in Ihm, und Er war in Gott. Darum konnte Er sogar sagen: „Ich und der Vater sind eins."

Aber Er war noch mehr. Er war der Herr, wo immer Er auftrat: Herr über das Leid, Herr über die Dämonen, Herr über die Elemente, Herr über die Moleküle und Atome (vgl. das Wunder der Verwandlung von Wasser in Wein); der Herr der Lebens- und Sterbeprozesse (Wunder vom Feigenbaum, Erneuerung von Organen bei Aussätzigen), der Herr über die Pläne und Absichten der Menschen und auch der Herr über die Umstände und die Zeit („seine Stunde war noch nicht gekommen"; „er ging aus ihrer Mitte hinweg").

Noch in einer anderen Beziehung entsprach Christus Gottes Erwartungen und befriedigte Er Gottes Verlangen: Christus war auch vollkommen im Leiden. Er unterzog sich jeder „Züchtigung", Er wurde durch Leiden vollkommen gemacht, unter Schmach und Schande reifte Er zur vollkommenen „Sohnschaft" heran, zum „Sohn, vollendet in Ewigkeit" (Hebräer 7,28). Adam war, bevor er fiel, zwar sündlos, aber er war in bezug auf Gottes Vorsatz ein Kind. Er war, was seinen moralischen Zustand betraf, vielleicht vollkommen, aber niemals vollendet. Christus erschien als der zweite Mensch, um den durch den Sündenfall vereitelten Plan Gottes mit dem Menschen wiederaufzunehmen und zu Ende zu führen. Darum sagt der Hebräerbrief, Er sei „durch Leiden vollendet" worden, nachdem Er „Gehorsam gelernt" hatte.

Christozentrisch?

Schon aufgrund dieser wenigen Hinweise sehen wir vielleicht, daß die herkömmliche Christuserkenntnis viel zu kurz greift. Die traditionelle Christologie umfaßt nur Teilaspekte der Person unseres Herrn. Ja, im Grunde haben wir gar keine echte Christologie, sondern vielmehr eine breit angelegte Soteriologie (von „soter", griechisch „Retter"). Jedenfalls ist sie einseitig und kopflastig, und wenn man genau hinsieht, hat sie mit der im Neuen Testament geoffenbarten Person unseres Herrn recht wenig zu tun. Ich spreche hier nicht etwa von der akademischen Theologie der offiziellen Landeskirchen. Ich meine vielmehr und gerade auch die Christologie des Fundamentalismus und aller ähnlich gelagerten Gruppierungen. Obwohl sie ihre Glaubenslehre christozentrisch nennen, haben sie nicht den Sohn, Seine Person, Seine Stellung im Heilsratschluß des Vaters zu ihrem Mittelpunkt. Die ganze Lehre kreist um die Erlösung und Errettung des Menschen aus der Knechtschaft von Sünde und Verderben. Unsere ganze evangelikale Theologie ist erlösungszentrisch; alles dreht sich um die Verlorenheit und Errettung, um Sünde und Vergebung, um Rechtfertigung und Heiligung des Sünders. Und wenn wir den Mut haben, genau hinzusehen, merken wir, daß weitgehend der Mensch im Zentrum steht, der Mensch mit seinen Bedürfnissen, und Christus ist der Diener des Menschen, der ihn aus der Not befreit und ihn in den Himmel zu sich holt.

Ich möchte, daß man hier nicht voreilige Urteile fällt. Die Erlösung ist etwas Gewaltiges. Ohne Christus ist der Mensch in Ewigkeit verloren. Das Werk Christi auf Golgatha bleibt für immer die große Melodie im ewigen Anbetungshymnus des Universums. Das Lamm behält Seinen Platz auf dem Thron und als Mittelpunkt der Stadt, des himmlischen Jerusalem. Aber daß Christus zum Lamm wurde, das die Sünde der Welt trägt, hat mit dem ewigen Plan Gottes hinsichtlich Seines Sohnes nichts zu tun. Christus selbst brauchte keine Erlösung. Er hat, was Seine Person und Seine Stellung bei Gott angeht, nichts mit der Sünde, mit der Knechtschaft, mit dem Verderben und der Finsternis zu tun. „Er war vor allem", sagt der Apostel. Als Gott Seinen Plan faßte, als er Seinen Sohn in den Mittelpunkt Seines Ratschlusses stellte, bestanden nicht das geringste Bedürfnis und keinerlei Notwendigkeit für eine Erlösung, weil es das Böse nicht gab. Gott faßte Seinen Plan unabhängig vom

Fall des Menschen, und hätte dieser nicht stattgefunden, hätte es nie diese furchtbare Abkehr von und Rebellion gegen Gott gegeben. Dann hätte dieser Plan dennoch vollkommen in Christus ausgeführt werden können, und es hätte nichts gefehlt.

Was wir hier sagen wollen (und ich bin mir bewußt, daß es nicht einfach ist, diese göttliche Dimension nachzuvollziehen und sich auf den göttlichen Standpunkt zu stellen), ist dies, daß die ganze Erlösung, das ganze Konzept der Errettung mit allen damit zusammenhängenden Details nicht Teil des ursprünglichen Planes gewesen ist, den Gott in Christus faßte „vor ewigen Zeiten". Die Erlösung wurde erst durch den Sündenfall notwendig. Natürlich hat Gott von Anfang an gewußt, daß einmal der Sündenfall stattfinden würde. Deshalb hat Er auch die Erlösung für diesen Fall vorgesehen, und der Sohn war bereit, sich als Lamm zur Verfügung zu stellen. Aber die Erlösung selbst war unter dem ursprünglichen Plan Gottes nicht notwendig, und sie hat an diesem nichts geändert. Durch die Erlösung knüpfte Gott lediglich dort an, wo der Plan durch den Fall unterbrochen worden war. Und sobald wir in Christus sind, setzt Gott Seinen Weg mit Seinem Sohn geradlinig fort, so wie Er es sich vor dem Fall, ohne die notwendig gewordene Erlösung, vorgenommen hatte. Hätte Gott den Fall geplant, wäre dieser im ursprünglichen Plan enthalten gewesen, dann wäre Gott selbst für ihn verantwortlich, und das ist unmöglich. Gott hat den Menschen so geschaffen, daß er, ohne zu fallen, in Christus (durch den Baum des Lebens im Paradies) hätte heranwachsen und zur ganzen Fülle Gottes ausreifen können, so daß Gott durch ihn vollkommen verherrlicht worden wäre.

Ziehen wir die Konsequenzen aus dem oben Dargestellten: Wenn wir Christus so kennenlernen möchten, wie Gott Ihn kennt, wie Er sich in Gottes ewigem Plan präsentiert, ohne Beziehung zur Sünde und zum Fall, dann müssen wir unsere Erlösungsbrille weglegen, das heißt, dann dürfen wir nicht länger alles nur im Lichte der Erlösung sehen und interpretieren. Dann müssen wir der Person unseres Herrn den Vorrang vor Seinem Werk geben. Wir dürfen nicht mehr vom Menschen her denken, sondern müssen danach trachten, die Dinge von Gott aus zu beurteilen. Wir müssen den Menschen dorthin bringen, wo er hingehört, nämlich ans Kreuz. Das Kreuz hat den Menschen beseitigt und Christus an seine Stelle gesetzt. Und erst, wenn wir uns diese göttliche Sicht zu eigen gemacht haben, fangen wir an, christozentrisch zu denken und christozentrisch zu glauben. Gottes Wohlgefallen gilt Christus. Gottes Interesse ist Christus. Gottes Ziel ist es, alle Dinge durch Christus zu ersetzen, in allen Dingen Christus so Gestalt werden zu lassen, daß „Christus alles und in allem" ist.

Es ist nicht Gottes Absicht, Menschen in den Himmel zu bringen. Gott beabsichtigt vielmehr, Himmel und Erde so mit Christus zu erfüllen, daß alles, was nicht Christus und nicht in Christus ist, darin keinen Platz mehr hat.

Es geht Gott nicht darum, daß wir uns hier unten etwas verbessern, daß sich dies und jenes an uns ändert, daß wir da und dort etwas heiliger werden. Es geht Ihm vielmehr darum, alles in uns und an uns durch Christus zu ersetzen. Es ist nicht so, daß wir, wenn wir gläubig werden, von Gott Gerechtigkeit, Heiligung, Erlösung, Frieden, Licht usw. empfangen. Nein, Gott gibt uns Christus. *Er* ist uns gemacht zur Gerechtigkeit, zur Weisheit, zur Heiligung, zur Erlösung; Er ist unser Friede, Er ist das Licht, das uns erleuchtet. Ja, was immer wir auch aufzählen könnten, immer wird es darauf hinauslaufen, daß Christus wirklich alles ist und unsere ganze Erlösung darin besteht, daß wir Christus empfangen. Wir brauchen zum Beispiel nicht mehr Liebe; wir brauchen mehr von Christus und weniger von uns, denn Christus ist die Liebe. Wir brauchen nicht mehr Geduld; Christus ist die Geduld in uns. Wir brauchen nicht mehr Kraft; Christus ist die Kraft Gottes in uns. Es ist nicht so, daß Christus, wenn wir an Ihn glauben, uns das austeilt, was wir gerade nötig haben. Es ist vielmehr so, daß Christus je und je das in uns ist, was wir brauchen, und dieser Christus ist unerschöpflich und unausschöpfbar.

Auch der Heilige Geist gewinnt dann eine ganz neue Bedeutung: Er ist wahrhaftig der „Sachwalter" Christi. Er ist nicht gekommen um der Gaben und Manifestationen willen. Er ist gekommen, um alles durch Christus zu ersetzen und alles mit Christus zu erfüllen. Von daher gesehen, hat das 13. Kapitel des 1. Korintherbriefes eine tiefe Bedeutung und stellt eine drastische Korrektur des pfingstlerischen und charismatischen Konzepts dar. Alle diese Dinge, von denen in diesem Brief gesprochen wird, sagt Paulus, sind gut. Freut euch darüber, daß Gott trotz der vielen negativen Dinge in eurer Mitte so rege wirkt und sich auf so vielfältige Weise bezeugt. Aber das alles ist noch nicht das, was Gott will. „Ich zeige euch einen Weg, der über das alles hinausführt" (andere Übersetzungen: „... einen weit vortrefflicheren Weg"). Und dann porträtiert er Christus, und zwar auf so einzigartige Weise, wie es nur möglich ist, wenn ein Mensch die Dinge so gesehen hat, wie Gott sie sieht. Alles andere verblaßt vor der Wirklichkeit Christi. Auch wenn Paulus von der Liebe spricht, so meint er doch Christus selbst, wie Er sich in der Gemeinde zum Ausdruck bringt und in ihr Gestalt gewinnt. Demgegenüber nimmt sich alles Charismatische, Pfingstlerische, wie ein Kinderspiel aus. („Als ich ein Mann wurde, legte ich ab, was kindisch war.") Dieser Mann, von dem Paulus spricht, ist die Vollgestalt Christi in den Heiligen, es ist der volle Wuchs der Fülle Christi, es ist Christus alles und in allen.

Wir brauchen drastische Behandlungen durch Gott, bis wir bereit sind, unsere Konzepte fallenzulassen und die Dinge so zu sehen, wie Gott sie sieht. Erst nach vielen vergeblichen Anläufen, nach viel Zukurzkommen und Versagen beginnt Christus für uns zum Zentrum, zum Mittelpunkt, zum Wesen und Inhalt unseres Glaubens zu werden. Wenn wir anfangen, in allen Dingen Christus zu erkennen und einzusehen, daß Christus in uns alles ist, was wir brauchen, dann erst sind wir wahrhaft christozentrisch. Dann teilen wir mit Gott das Kostbarste, was Er besitzt: Seinen Sohn. Christus wird unser einziger Horizont, unsere einzige Hoffnung, unser einziger Besitz, unser einziges Interesse sein. Dann wird alles andere mehr und mehr verblassen.

Die fortschreitende Christuserkenntnis des Apostels Paulus

Wenn wir ehrlich gegenüber uns selbst sind, müssen wir zugeben, daß der Christus, den wir haben, zu klein ist. Unsere Sicht von Christus ist zu kurz, sie ist ungenügend und in verschiedener Hinsicht unhaltbar. Die Tradition hat uns mit ihren vielen Christus- und Heilandsbildern geblendet. Und es kann schon so etwas wie einen Schock auslösen, wenn uns eines Tages klar wird, daß wir statt an Christus selbst an irgendein Bild von Ihm geglaubt haben und daß wir den wahren Christus, den Christus Gottes, den „Christus alles und in allem" gar nicht oder nur bruchstückhaft kennen. Wir brauchen dringend *Offenbarung*. Wir müssen endlich aufhören, lediglich geistliche Lexika zu sein, immer weitere Fakten, Ansichten, Illustrationen und Interpretationen zu sammeln und sie als unseren Glauben auszugeben. Übergeben wir uns Gott, damit Er uns züchtige und zerschlage, damit Er alles beseitigen kann, was uns hindert, Christus zu sehen, wie Er in Gottes Augen wirklich ist. Unsere einzige Rettung ist Christus, und zwar ein größerer Christus, als wir Ihn bisher hatten. Möge Gott uns gnädig sein.

Paulus war nicht nur ein großer Apostel, das Modell eines bekehrten Sünders und Rebellen, sondern aufgrund von 1. Timotheus bestimmt Gott ihn „zum Vorbild für alle, welche an ihn glauben werden zum ewigen Leben" (1. Timotheus 1,16). Seine Christuserkenntnis und die Art, wie sie sich in seinem Leben bildete und entfaltete, ist vorbildhaft für alle Gläubigen. Gott hat hier ein wirkliches Modell herausgearbeitet, an dem wir herausfinden können, inwieweit wir wirklich Christus erkannt haben oder irgendeiner Theorie oder Lehre huldigen, die sich zwar auf Christus beruft, die aber in ihrer Praxis unabhängig vom lebendigen Christus existiert. Es ist interessant zu beobachten, wie sich Paulus' Erkenntnis von Christus mit der Zeit wandelt, vertieft, erweitert, wie sie umfassender und grenzenloser wird, bis er am Ende seines Lebens ausruft: „Ihn will ich erkennen ...", „auf daß ich Christus gewinne und in ihm erfunden werde."

Hatte er denn Christus nicht schon seit dem Tag seiner Bekehrung? Doch! Im Galaterbrief bezeugt er, daß nicht mehr er lebe, sondern Christus in ihm. Dennoch ruft er hier leidenschaftlich aus: „... auf daß ich Christus gewinne und in ihm erfunden werde." Er hatte einen Punkt erreicht, wo er sich sagen mußte: Nach allem, was ich erlebt und erkannt habe, nach allen Tiefen und Höhen, die ich in Christus durchschritten habe, gibt es Dimensionen von Christus, Gesichtspunkte und Bereiche, von denen ich nichts weiß, vor denen alles Bisherige wie nichts erscheinen muß. Nach diesen Dimensionen von Christus habe ich Verlangen, sie muß ich gewinnen, in ihnen will ich erfunden werden. Ich möchte nicht nur etwas von Christus, ich möchte den ganzen Christus! Wohlverstanden, Paulus macht diese Aussage lange nach seiner Erfahrung des „dritten Himmels".

Dieser Mann, dieser Kämpfer, dieser Apostel in Ketten setzt uns immer aufs neue in Erstaunen. Was seine Christuserkenntnis betrifft, überragt er alle, die nach ihm gekommen sind, bei weitem. Dennoch weiß er, daß, wenn es um Christus geht, er noch ein Stümper ist, und er hält Ausschau nach zukünftigen Zeitaltern, in denen er mit allen Heiligen nichts anderes tun wird, als Christus zu erkennen und in Ihm erfunden zu werden. Was für einen Christus hatte doch dieser Mensch!

Nun, das war am Anfang nicht so. Vor dem Damaskuserlebnis war Christus für ihn das Ärgernis schlechthin. Was immer er über Christus gehört haben mochte, es führte ihn zu der Überzeugung, daß alles, was an diesen Namen erinnerte, und alle, die an diesen Namen glaubten, ausgerottet werden müßten. Als Pharisäer glaubte Paulus an einen Messias, und als frommer Pharisäer erwartete er dessen baldiges Erscheinen wie viele andere seiner Zeitgenossen. Aber der Messias des Spätjudentums war eine theokratische Gestalt, er hatte eine politische Sendung; er sollte das Reich Israels wiederherstellen und Jerusalem zum Mittelpunkt aller Länder der Erde machen. Nach allem, was Paulus vernommen haben mußte, entsprach Jesus keineswegs diesen Erwartungen. Folglich mußte er ein Betrüger und Verführer sein. Darum sein Toben und Schnauben wider Ihn.

Unmittelbar nach seiner Bekehrung heißt es dann, Paulus habe noch in Damaskus jedermann zu überzeugen versucht, daß Jesus „der Sohn Gottes" sei. Dieser Ausdruck „Sohn Gottes" läßt uns aufhorchen. Petrus hatte auf die Frage Jesu, für wen Ihn die Jünger hielten, geantwortet: „Du bist der Christus" (Markus 8,29). Auch wenn Matthäus hinzufügt: „... der Sohn des lebendigen Gottes", so hat dieser Begriff im Munde von Paulus doch einen ganz neuen Klang. Adam wurde auch bereits Sohn Gottes genannt. In diesem Sinn war der Begriff im Judentum bekannt und erregte keinerlei Anstoß. Wenn aber Paulus vom Sohn Gottes redete, bedeutete dies einen völligen Bruch mit allem, was an jüdischen Vorstellungen noch damit verbunden war. Der Apostel erkannte, daß in diesem Christus Gott verkörpert war, daß Jesus Christus der vollkommene Ausdruck, die vollkommene Manifestation des Gottes Abrahams war und daß Er als der Auferstandene von den Toten alles sprengte, was innerhalb dieser natürlichen Schöpfung von Bedeutung war. Er nahm wahr, daß dieser Sohn nicht nur Gott war, „geoffenbart im Fleisch" und „gerechtfertigt im Geist", sondern daß Er „vor allen Dingen" war, vor Grundlegung der Welt. Mehr und mehr weitete sich sein Blick, und er erkannte in diesem Sohn das Urbild alles Geschaffenen. Im Kolosserbrief nennt er Ihn „das Bild des unsichtbaren Gottes, den Erstgeborenen der Schöpfung".

Als Gott die Welt schuf, ja, vor Grundlegung der Welt, als Er den Vorsatz faßte, eine Welt zu schaffen, hatte Er den Sohn vor Augen. Für Ihn und auf Ihn hin schuf Er alle Dinge, sowohl die sichtbaren als auch die unsichtbaren. Damit sagte Er nichts Geringeres, als daß Christus der Erbe aller Dinge ist. Wie immer es jetzt um diese Schöpfung stehen mag, letzten Endes wird sie Ihm, dem Sohn, zufallen. Die Positionen, die die Fürstentümer und Gewalten und Mächte besetzt halten, müssen früher oder später für den Sohn freigegeben werden, denn Ihm sind sie vorbehalten. Ferner sagt der Apostel ebenfalls im Kolosserbrief: „... alle Dinge bestehen zusammen durch ihn." Mit andern Worten: Ohne den Sohn würde dieses Universum in seine Bestandteile zerfallen. Alle Kräfte des Universums, alle Dimensionen des kosmischen Raumes und Gegenraumes, die Zusammensetzung der chemischen Elemente, alle Wachstums- und Sterbeprozesse, die Bausteine der Materie und die Gravitationskraft der Gestirne, durch die sie ihre Bahn ziehen – all dies hat mit dem Sohn zu tun, wurde durch Ihn und für Ihn geschaffen! Die ganze Atomphysik ist ohne Christus nicht denkbar. Heißt es nicht auch im Johannesevangelium: „Ohne ihn (den Logos, den Sohn!) ward nicht eines, das geworden ist" (Johannes 1,1)? Wenn Christus das Bild Gottes ist, dann dachte Paulus auch an jenes andere Wort in 1. Mose 1, wo es heißt, daß Gott den Menschen in Seinem Bilde schuf. Das Muster für den Menschen, für Sein Wesen und Seine Gestalt, war Christus. Er war das Modell, nach dem Gott uns formte und bildete. Welche Dimensionen tun sich doch da auf! Wir wurden deshalb so geschaffen, damit Christus in uns wohnen und Gestalt gewinnen konnte.

Im Epheserbrief spricht der Apostel von einem ewigen Plan, den Gott sich vorgesetzt hatte, um ihn in der Fülle der Zeit auszuführen. Dieser Plan bestand darin, daß Christus, der ewige Sohn, Mensch werden und als der zweite Mensch durch die Auferstehung aus den Toten eine neue Schöpfung eröffnen sollte, in der Er alles und in allem ist. Alles sollte in Ihm zusammengefaßt werden, das, was im Himmel, und das, was auf der Erde ist. Nach der Auferstehung bezeichnet Paulus den Sohn als „lebendigmachenden Geist", und als solcher erwählt Er sich aus allen Völkern, aus Juden und Heiden, einen gemeinsamen neuen Menschen, in dem das verwirklicht ist, was Gott immer gewollt hat: ein Gefäß, durch welches Gott sich und Seinen Sohn dieser Schöpfung darstellen und durch das Er sich verherrlichen kann. Dieses Gefäß, dieser gemeinschaftliche Christus, wie er es nennt, umfaßt alle Heiligen aller Zeitalter, sowohl diejenigen, die bereits beim Herrn sind, als auch diejenigen, die noch leben und im Leibe sind. Dieses Gefäß nennt er die Gemeinde oder Kirche. Um keine Mißverständnisse aufkommen zu lassen, daß es sich dabei nicht etwa um eine Institution, eine Organisation, einen Verein oder etwas dergleichen handelt, benutzt er ein besonderes Bild dafür: den menschlichen Körper.

Die Gemeinde ist bei Paulus wiederum etwas, das er nur mit Christus und durch Christus erkennen kann: sie ist Sein Leib, Er ist ihr Haupt. Darum sind alle Heiligen, sobald Christus in ihnen Wohnung genommen hat, „in Christus", das heißt, sie bilden gemeinsam Seinen Leib, gerade deshalb, weil ein und derselbe Christus in allen Heiligen wohnt. Es ist nicht so, daß das Haupt im Himmel und der Leib davon getrennt auf Erden leben würde. Nein. Am Kreuz wurden wir mit Christus identifiziert, wir wurden mit Ihm gekreuzigt, begraben und auferweckt, ja, noch mehr: wir wurden mit Ihm in die himmlischen Örter versetzt. Das ist unsere Stellung, wenn wir „in Christus" sind. Wir brauchen nicht mehr in den Himmel zu kommen. Himmel und Erde sind in der Gemeinde vereinigt, die Gemeinde ist die Verkörperung der Vereinigung von Himmel und Erde in Christus! Welch gewaltige Schau hatte doch dieser Mann! Wundert es uns da, daß es wenige gibt, die den Mut haben, seinen Spuren zu folgen? Wo immer Paulus hinblickte – sei es in die vergangene Ewigkeit, sei es in die Geschichte Israels, sei es in die Gegenwart oder in die Zukunft –, überall entdeckte er Christus, in allem sah er, wie es sich zu Christus verhielt. Er erkannte, daß Christus und die Gemeinde eins waren, und zwar so sehr, daß er den Korinthern schrieb: „Denn gleichwie der Leib einer ist und die vielen Glieder hat, alle Glieder des Leibes aber, obgleich viele, ein Leib sind: also auch der Christus" (1. Korinther 12,12). Es heißt nicht etwa: „Also auch der Christus und die Gemeinde." So hätten wir es vermutlich formuliert. Nein. Paulus sagt hier ganz klar: So, wie der menschliche Körper aus vielen verschiedenen Gliedern besteht und doch nur ein einziger Körper ist, genauso verhält es sich mit Christus. Sollen wir es noch deutlicher sagen? Christus besteht wie der menschliche Körper aus vielen einzelnen Gliedern, die doch alle zusammen zur einen Leib bilden, dessen Haupt Er ist.

Es hat keinen Sinn, hier irgend etwas deuteln zu wollen. So steht es da, und Paulus meinte, was er schrieb! Aber damit ist noch nicht alles gesagt. Paulus brachte den Sohn auch mit den Zeitaltern in Beziehung. Vor seinem Blick taten sich zukünftige Zeitalter auf, in denen der Mensch mehr und mehr Christus entgegenwachsen wird, wo wir aufgrund neuer und besserer Bedingungen tiefer in Ihn eindringen und in Ihm erfunden werden; Zeitalter, in denen die Schöpfung selbst verwandelt und von Christus erfüllt sein wird, und zwar ohne Ende. In seiner Zukunftsschau war kein Ende von Christus abzusehen. Im Römerbrief nahm bei Paulus auch die Erlösung kosmische Dimensionen an. Wenn die Menschen zu Söhnen herangereift sein werden, meint er, würde bei deren Offenbarung selbst die Kreatur frei werden von der Vergänglichkeit, von der Verderbnis, von der Verfallenheit an den Tod. Was für eine Schau! Was für ein Christus!

Die Gemeinschaft seiner Leiden

Wenn wir diese gewaltigen Ausblicke in die Wirklichkeit des neutestamentlichen Christus, wie sie Paulus geschenkt waren, sehen, könnten wir auf den Gedanken kommen, sein Leben mit dem Herrn sei ein einziger Höhenflug gewesen, ein Hüpfen und Tanzen über die Gipfel und Höhen der Gotteserkenntnis und der Gemeinschaft mit Gott. Tatsache jedoch ist, daß diese Offenbarungen gleichsam als Gegengewicht („auf daß ich mich nicht überhebe") ein großes und immer größer werdendes Opfer von ihm verlangten. Im Philipperbrief, aus dem der vorhin zitierte Ausruf stammt, weist der Apostel auf diese Kehrseite hin, indem er fortfährt: „... um ihn zu erkennen und die Kraft seiner Auferstehung und die Gemeinschaft seiner Leiden, indem ich seinem Tode gleichgestaltet werde ..." Paulus war trotz aller ekstatischen Erlebnisse, trotz aller Offenbarungen kein weltfremder Phantast, kein Idealist, kein Träumer und wirklichkeitsfremder Naivling; er schätzte seine Situation vollkommen realistisch ein. Er wußte genau: Erkenntnis von Gott, von Christus und der Gemeinde gibt es nur um den Preis größeren und vermehrten Leidens. Sein Ausdruck „Seinem Tode gleichgestaltet" redet eine deutliche Sprache. Gibt es einen schmachvolleren Tod als den Tod des Sohnes Gottes am Kreuz? Welche Schmach, welches Elend, welche Finsternis und Abgründe, welche Qualen und Einsamkeiten, welche physischen Schmerzen waren doch damit verbunden! „Gleichgestaltet ..."!

Ist Paulus hier nicht etwas zu weit gegangen? Soll das heißen, daß wir gerettet worden sind, um wie Christus gekreuzigt zu werden? Genau das meint Paulus. Und er scheut sich nicht, es als Wunsch, als innigstes Verlangen seines eigenen Herzens auszusprechen. Genauso intensiv wie er Christus und die Kraft Seiner Auferstehung zu erkennen suchte, wünschte er sich auch, an den Leiden Christi teilzuhaben und Seinem Tode gleichgestaltet zu werden. Warum das? Weil niemand Christus erkennen kann, der nicht mit Christus und in Christus gelitten hat. Leiden läßt sich nicht von Christus trennen.

Aber es gibt einen noch viel plausibleren Grund. Der Mensch ist von Natur aus so geartet, daß er nicht bereit ist, etwas preiszugeben, mit etwas zu brechen, wenn er nicht zuerst deswegen leiden muß. Der Hebräerbrief sagt: „Wer am Fleisch gelitten hat, ruht von (oder: bricht mit) der Sünde." Die Stärke des Fleisches in uns ist so tief verwurzelt, ist so sehr zu unserer Idiosynkrasie (Überempfindlichkeit) geworden, daß wir ohne Druck, ohne Schmerz, ohne Entbehrungen und ohne Verzweiflung unseren Platz nicht freiwillig an Christus abtreten. Diese beiden Dinge halten sich genau die Waage: das Maß der Erkenntis, das wir gewinnen, entspricht dem Maß des Leidens, das wir bereit sind, auf uns zu nehmen. Möglich ist das nur, wenn wir wie Paulus das Ziel nicht aus den Augen verlieren: „Das zu ergreifen, wozu ich von Christus ergriffen worden bin."

Lassen wir uns am Schluß nochmals diese Frage gefallen: „Was sagen die Leute, wer ich sei?" Oder noch direkter: „Was sagst du, wer ich sei?" Die Antwort des Hebräerbriefschreibers, der Paulus sehr nahe gestanden haben mußte, lautet: „Ein Sohn, vollendet in Ewigkeit!" Wir brauchen einen größeren Christus. Wir brauchen den Christus Gottes!

Gottes ewiger Plan

1. Teil

„Mir, dem Geringsten unter allen Heiligen, wurde
diese Gnade geschenkt: Ich soll den Heiden als Evangelium den unergründlichen Reichtum Christi verkündigen und enthüllen, wie jenes Geheimnis Wirklichkeit geworden ist, das von Ewigkeit her in Gott,
dem Schöpfer des Alls (oder: von allem), verborgen
war. So sollen jetzt die Fürsten und Gewalten des
himmlischen Bereichs durch die Gemeinde Kenntnis
erhalten von der vielfältigen Weisheit Gottes, nach
seinem ewigen Plan, den er durch Christus Jesus, unseren Herrn, ausgeführt hat" (Epheser 3,8-11).
„Er hat beschlossen, die Fülle der Zeiten heraufzuführen, in Christus alles zu vereinen, alles, was im
Himmel und auf Erden ist. Durch ihn sind wir auch
als Erben vorherbestimmt und eingesetzt nach dem
Plan dessen, der alles so verwirklicht, wie er es in seinem Willen beschließt" (Epheser 1,10-11).

Zurück zum Evangelium!

Es ist wichtig, daß wir uns klar vor Augen halten, was
wir im letzten Kapitel gewonnen haben: Gottes aus-
schließliches Interesse gilt Christus. Christus ist das
Zentrum, der Ausgangspunkt und das Ziel aller Gedanken Gottes. Alles, was Er empfindet, was Er denkt und

schafft, hat Ihn zum Inhalt und zum Ziel. Möge der Herr uns diese Wahrheit tief ins Herz hineingraben, damit wir für immer aufhören, uns zum Zentrum zu erklären. Damit wir aufhören, so zu leben, als wäre Gott nur für uns und unsere Bedürfnisse da. Es geht nie um das, was *wir* sind, sondern um das, was *Er* ist. Wir wurden durch das Kreuz von Golgatha vollständig gekreuzigt. Wir wurden als natürliche Wesen vollständig aus den Gedanken Gottes entfernt. Der Tod Christi am Kreuz hat dem ein für allemal ein endgültiges Ende gesetzt, was wir von Natur aus sind und je sein können. Was wir in Christus sind, hat nichts mehr mit dem zu tun, was wir waren, bevor wir gekreuzigt wurden. In Christus befinden wir uns im Bereich der Auferstehung, und Auferstehung gibt es nur jenseits des Todes. In der Auferstehung gibt es nur noch eine Wirklichkeit: Christus alles und in allen!

Ich habe den Eindruck, daß ich noch einmal kurz auf das zu sprechen kommen muß, was ich im Zusammenhang mit der Erlösung angedeutet habe. Hier liegt nämlich der Grund, warum die Mehrheit der Gläubigen nie dahin gekommen ist zu verstehen und überhaupt zu erkennen, was Gottes ewiger Plan ist, warum es unbedingt nötig ist, daß wir diesen Plan kennen und daß er verwirklicht wird. Bevor wir also von diesem Plan sprechen, wollen wir uns noch einmal kurz mit der Frage unserer Errettung befassen. Es besteht kein Zweifel darüber, daß alle Menschen Sünder sind und gerettet werden müssen. Diese Tatsache wird sowohl im Alten als auch im Neuen Testament eindeutig festgestellt, und sie läßt keine Zweifel aufkommen. Diese Aussage bringt die tiefste Not des Menschen zum Ausdruck, sein größtes und dringendstes Bedürfnis. Denn Sünde bedeutet Trennung von Gott, einen geschlossenen Himmel, Hilflosigkeit gegenüber widergöttlichen Mächten, Hoffnungslosigkeit im Blick auf die Zukunft, Friedelosigkeit und Unversöhnlichkeit in den zwischenmenschlichen

Beziehungen, ein Ausgeliefertsein an den Egoismus der menschlichen Natur und vieles mehr.

Auf all dies gibt es nur eine Antwort: Errettung. Und das Evangelium enthält nun für den Sünder die frohe Botschaft, daß er aus all dem herausgerettet werden kann durch Jesus Christus. Je tiefer einer sich seiner Sündhaftigkeit bewußt wird, desto gewaltiger wird für ihn diese Botschaft und die Erfahrung der Errettung. Das ist ganz natürlich. Wenn wir die Dinge vom menschlichen Standpunkt aus betrachten, ist die Errettung von Sünde und Verderben das Größte, was ein Mensch sich denken kann. Aber ist sie das wirklich? Ist das Evangelium wirklich erschöpft mit der Botschaft von der Erlösung und der Vergebung der Sünden? Ist der Christ am Ziel, wenn er sich bekehrt und wenn er Vergebung der Sünden erlangt hat? Wie sehen die Dinge aus, wenn wir sie vom Standpunkt Gottes aus betrachten? Paulus gibt in seinem Brief an die Epheser Auskunft darüber, was er als Evangelium verkündete: „Ich soll den Heiden als Evangelium *den unergründlichen Reichtum Christi* verkündigen und enthüllen, wie jenes Geheimnis Wirklichkeit geworden ist ..."

Es gibt eine ganze Reihe neutestamentlicher Stellen, die diese Aussage nach dieser oder jener Richtung ergänzen. Eines jedoch ist klar: Das Evangelium der Apostel und Propheten im Neuen Testament ist etwas völlig anderes, etwas viel Umfassenderes und Gewaltigeres als das, was die sogenannten „Evangelisten" des 19. und 20. Jahrhunderts daraus gemacht haben. Paulus verbindet das Wort Evangelium mit „Christus", und als dessen Gehalt bezeichnet er den „unergründlichen Reichtum Christi". Hier steht wiederum Christus im Zentrum, und zwar der größere Christus, wie wir Ihn bereits kennengelernt haben. Das Evangelium des Neuen Testaments hat nicht den Sünder und dessen Bekehrung zum Inhalt, sondern Christus, den Sohn, vollendet in Ewigkeit. Es ist bestimmt nicht falsch, den Menschen zu sagen, daß sie Sünder sind und sich bekehren müssen. Aber das ist nicht das Evangelium. Das Evangelium des Neuen Testamentes beginnt mit Christus und endet mit Christus. Christus selbst ist das Evangelium in eigener Person. Die Kurzformel des Evangeliums lautet: „Wer den Sohn hat, der hat das Leben!" „Ist jemand *in Christus,* so ist er eine neue Schöpfung." Die Menschen werden durch das Evangelium aufgerufen, an *Christus* zu glauben. Das aber bedeutet zu akzeptieren, daß Gott diesen Christus ins Zentrum gesetzt hat, daß Gott uns aufgrund unserer Beziehung zu Christus beurteilen wird; daß unsere Gegenwart und Zukunft von unserem Verhältnis zu Christus abhängt. Gott hat Ihn zum Herrn und Christus gemacht, verkündigten die Apostel am Pfingsttag. Und die Buße, die ihre Verkündigung auslöste, betraf zunächst nicht die persönlichen Vergehungen und Sünden der Menschen, sondern die Tatsache, daß sie sich gründlich geirrt hatten; daß sie den, den Gott offensichtlich gesandt und erhöht hatte, nicht erkannt, sondern im Gegenteil gekreuzigt, verhöhnt und verspottet hatten. Diese Einsicht war es, die ihr Herz durchbohrte und die bewirkte, daß sie sich unverzüglich Christus unterwarfen, Ihn zu ihrem Herrn machten, Ihn anerkannten und aufnahmen. Und Gott besiegelte ihren Glauben, indem Er ihnen den Heiligen Geist gab.

Wir sehen an diesem Musterbeispiel evangelistischer Verkündigung, daß es bei der Proklamation des Evangeliums nicht darum geht, Menschen von der Tatsache zu überzeugen, daß sie Sünder sind und sich deshalb bekehren müssen, sondern darum, daß Christus proklamiert wird, und zwar so, wie Gott Ihn einschätzt, als das, wozu Gott Ihn gemacht hat. Was die Umkehr bewirkt, ist die Einsicht, daß man im Gegensatz zu vollendeten Tatsachen gelebt hat. Jesus Christus *ist* der Herr; vor Ihm *werden* sich alle Knie beugen. Gott *hat* Ihm alles übergeben. Er *kommt* wieder, um die Lebendigen und die Toten zu richten. Wie ich zu dieser Person, zu

diesem von Gott eingesetzten Herrn stehe, daran entscheidet sich alles. Ob ich ein bißchen mehr oder weniger gesündigt habe, spielt dabei keine Rolle. Beim
Evangelium geht es um Christus und um mein Verhältnis zu Ihm. Man sollte nicht nur Bekehrung predigen.
Das Evangelium ist Christus. Wenn Christus durch den
Heiligen Geist verkündigt wird, dann *werden* sich Menschen bekehren, auch wenn man das Wort überhaupt
nicht verwendet hat. Der Akzent muß auf Christus liegen. Wer Christus aufnimmt, wird erkennen, daß er ein
Sünder ist; er wird seine Sünde bereuen und Buße tun.
Er wird Vergebung empfangen und von dieser und jener Bindung frei werden: der Sohn macht ihn frei. Dies
alles sind Folgen davon, daß jemand Christus aufnimmt. Man darf die Folgen nicht zu Voraussetzungen
machen.

Das Wort aus dem Epheserbrief sagt aber noch mehr.
Das Evangelium umfaßt nicht nur die Person Christi
und ihren unergründlichen Reichtum, sondern es umfaßt auch jenes Geheimnis, das von Ewigkeit her verborgen war, das mit dem ewigen Plan Gottes zusammenhängt und dessen praktische Verwirklichung zur
Gemeinde führt, wie Paulus sie im Epheserbrief schildert. Wir sehen, auch unser Verständnis vom Evangelium ist viel zu einseitig, viel zu sehr auf den Menschen
bezogen. Das Evangelium des Neuen Testaments enthält Dinge, die nichts mit der Sünde und der Verlorenheit des Menschen zu tun haben. Wenn wir es auf die
Errettung des Sünders reduzieren, entstellen und ver-
ändern wir grundlegend seinen Charakter und seinen
Inhalt. Und wir verfälschen auch sein Ergebnis. Die Art
der Verkündigung bestimmt das Ergebnis. Wenn ich
nur Bekehrung predige, erhalte ich als Ergebnis eben
Bekehrte. Wenn ich nur die Vergebung zum Zentrum
meiner Verkündigung mache, dann erhalte ich als Ergebnis Menschen, deren Sünden vergeben sind. So
könnten wir eine ganze Reihe von Dingen aufzählen,

und es würde uns dabei aufgehen, wie verkehrt und un-
biblisch unsere moderne evangelistische Praxis ist, gemessen an den Zeugnissen des Neuen Testaments.

Welches war denn das Ergebnis der Verkündigung
der Apostel im Neuen Testament? Es waren Gemeinden, es war der Leib Christi! Haben sie etwa die Gemeinde gepredigt? War die Gemeinde etwa das Zentrum ihrer Verkündigung? Mitnichten! Sie verkündigten Christus! Sie verkündigten den größeren Christus!
Sie sprachen vom Geheimnis und vom Plan Gottes, den
Gott vor Grundlegung der Welt gefaßt und den Er
„durch Christus Jesus" ausgeführt hat. Und das Ergebnis dieser ihrer Verkündigung waren Gemeinden! Und
was für Gemeinden! Äußerlich gesehen waren es Gemeinden mit ihren Stärken und Schwächen, mit ihren
Vorzügen und Nachteilen. Innerlich jedoch waren es
Gemeinden, die Christus verkörperten, in denen Christus wohnte, die die Gestalt eines Leibes annahmen,
dessen Haupt Christus war und dessen Glieder eins waren „in Christus".

Die Tatsache, daß das Ergebnis moderner Großevan-
gelisationen weit entfernt ist von dem der Verkündigung der Apostel des Neuen Testaments, ist der beste
und unwiderlegliche Beweis dafür, daß wir nicht dasselbe Evangelium verkündigen, wie sie es taten, daß es
nicht Christus ist, den wir verkündigen, sondern Dinge,
die sich auf den Menschen und seinen Zustand bezie-
hen. Natürlich sind sie alle biblisch, die Dinge, die man
da zu hören bekommt. Aber das ist kein Kriterium.
Gott mißt alle Dinge an Christus. Die Bibel ist das
Zeugnis von *Christus*. Wir müssen dem Evangelium
wieder seinen Inhalt, seine Kraft und alle seine Dimensionen zurückgeben. Dann aber stoßen wir auf den ewigen Plan Gottes, denn das Evangelium sagt ja letztlich
nichts anderes, als daß dieser Plan nun in Christus ausgeführt und vollendet werden kann; daß alles, was seine
Ausführung bisher verhindert hatte, beseitigt und er-

ledigt ist. Worin also besteht nun dieser ewige Plan Gottes?

Das Bedürfnis Gottes

Wenn sich unser Glaube und unser christliches Bekenntnis nicht ständig und ausschließlich um die Errettung drehen sollen, wenn von Gottes Standpunkt aus die Frage der Erlösung nur ein Zwischenspiel bedeutet, damit die Unterbrechung in Gottes ewigem Werk behoben werden und Gott dort fortfahren kann, wo Er vor dem Fall war, was ist dann das Eigentliche? Welches ist dann das zentrale Anliegen Gottes? Worum geht es dann Gott letztlich? Wenn wir Menschen sind, die wirklich Gottes Willen tun möchten, die wirklich Gott dienen und etwas zum Lobe Seiner Herrlichkeit sein möchten, dann ist es wohl von entscheidender Bedeutung, daß wir auf diese Frage eine klare Antwort finden. Dann müssen wir die „Anfangsgründe" verlassen und zum „Vollkommenen" voranschreiten, wie sich der Schreiber des Hebräerbriefes ausdrückt. Was aber ist nun Gottes ewiges Werk? Worin besteht Sein ewiger Plan?

Wir betreten hier ein Feld, das seit dem Apostel Paulus wenig begangen wurde. Wir brauchen in besonderer Weise Offenbarung, um diesen Plan zu verstehen, wir brauchen das Licht Gottes, um zu sehen, was Gott sich vor Grundlegung der Welt, unabhängig von Fall und Errettung, vorgenommen hat, um es in Christus auszuführen. Die Augen unseres Herzens müssen erleuchtet werden, sonst ist alles, was wir darüber sagen können, nichts weiter als bloße Theorie, Spekulation, unverständliches Gerede. Wenn uns der Heilige Geist jedoch so behandeln kann, daß wir Licht empfangen, werden wir von etwas ergriffen, das unser ganzes Leben verändert. Wir werden nicht mehr dieselben sein. Es wird uns plötzlich aufgehen, wie verkehrt, wie egoistisch wir bisher geglaubt und als Christen gelebt haben. Wir werden erkennen, wie stark unser Christentum von der Tradition und nicht vom Heiligen Geist geformt, geprägt und beherrscht wurde. Außerdem werden wir feststellen – und diese Erkenntnis wird eine der niederschmetterndsten von allen sein –, wie weitgehend wir Sklaven eines Buches, des Buchstabens und damit des Todes gewesen sind, wie sehr die Tradition, das ganze christliche System, das Wort Gottes stumm gemacht hat, wie es uns vorgeschrieben hat, was die Bibel aussagen muß und was sie nicht aussagen kann.

Die Reformation hat uns zwar die Bibel zurückgegeben, aber sie hat gleichzeitig das Christentum zu einer Buchreligion gemacht. Wir befinden uns dem Protestantismus gegenüber in einer ähnlichen Situation wie die jungen Christengemeinden am Anfang im Blick auf die Synagoge. Paulus drückte sich diesbezüglich so aus: „Der Buchstabe tötet, der Geist macht lebendig." Erst da, wo der Geist uns auf persönliche und reale Weise das Wort der Bibel offenbart und interpretiert, haben wir es mit lebendigem Wort Gottes zu tun. Sind uns aber einmal die Schuppen von den Augen gefallen, dann werden wir kaum begreifen können, wie wir je die Dinge anders sehen und verstehen konnten, als Gott sie sieht und sie vor Gott sind.

Das erste, was der Geist uns zeigt, wenn Er anfängt, uns die Schrift zu öffnen und uns in das Geheimnis des Planes Gottes einzuweihen, ist, daß Gott ein großes, gewaltiges Bedürfnis hat. Wir werden Gottes Plan nie begreifen, solange wir nicht verstehen, daß Er einem großen, dringenden Bedürfnis entspringt. In Gott ist etwas, das Ihn drängt, sich zu entäußern, sich zu offenbaren, sich mitzuteilen, sich auszugießen, sich in eine bestimmte Gestalt, in eine bestimmte Form zu geben, sich zum Ausdruck zu bringen. Wenn wir alles zusammennehmen, was die ganze Bibel von Gott offenbart, dann ist Gott so voller Licht, Klarheit, Reinheit, so voller Liebe,

70

voller Energie und Bewegung, voller Gedanken und Worte, so voll von Dynamik und Phantasie, daß es Ihm einfach unmöglich ist, an sich zu halten, nur sich selbst zu sein. Gottes Bedürfnis besteht darin, ein Gefäß zu gewinnen, durch das Er Sein ganzes Wesen, Seine Klarheit, Seine Liebe, Seine Güte und Autorität, Seine ganze Wirklichkeit zum Ausdruck bringen kann, ein Gefäß, das Ihm vollkommen entspricht, das Ihn aufnehmen und enthalten kann, ein Gefäß, durch das Er sich dem ganzen Universum, allen Zeitaltern von Ewigkeit zu Ewigkeit manifestieren und zeigen kann – alle Abgründe Seiner Weisheit, Liebe und Güte, aber auch alle Bewegungen Seiner Kraft und Energie.

Die ganze Bibel bezeugt dieses Bedürfnis Gottes. Am Anfang, vor aller Zeit, vor Grundlegung der Welt, war Gott *alles*. Gott war in sich selbst erfüllt, es gab nichts außer Ihm. Die ganze Fülle der Gottheit drängte sich in Ihm zusammen wie ein gewaltiges, zurückgestautes Meer von Liebe und Kraft, von Willen und Schaffensdrang. Am Ende der Bibel aber sehen wir eine neue Schöpfung voll der Herrlichkeit Gottes. Gott ist nicht mehr nur alles, sondern alles *in allem*. Wir müssen uns daran gewöhnen, daß, je näher wir der biblischen Offenbarung von Gott kommen, je unmittelbarer wir Einblick gewinnen in das tiefe Geheimnis der Wirklichkeit Gottes, Gott für uns zu etwas wird, das in keiner Dogmatik steht, das von keiner Kanzel verkündigt wird, das nicht definiert und in ein System eingebaut werden kann: zu einem gewaltigen, um sich greifenden Feuer, zu einem Sturmwind, zu einer Donnerstimme, zu gewaltiger Kraft, zu ungeheuren, phantastischen Schöpfermöglichkeiten, zu Universen von Weisheit und Erkenntnis, zu einem Gewittersturm heftiger Leidenschaft.

Aber in Gott liegen auch Abgründe von Leiden und Dunkelheit verborgen, denn Gott ist auch ein Gott, der sich verbirgt, der sich in Finsternis hüllt, in ein unendliches Schweigen und Ruhen und in eine Abwesenheit, die wir Menschen nicht verstehen können und die zu ertragen uns schwerer fällt als tausend Tode zu sterben. Gott ist Person, sagen wir, und das stimmt. Aber Gott ist nicht ein Mensch, sagt die Bibel. Wir dürfen Gott nicht am Menschen messen und Ihn in menschliche Kategorien zwängen. All das, was wir vorhin angedeutet haben, drängt sich in Gott zusammen und sucht nach einem Ihm gemäßen, Ihm entsprechenden, Ihn aus seiner Enge, aus Seinem ewigen Drange erlösenden Ausdruck.

Vielleicht mag es die einen oder andern befremden, wenn so von Gott gesprochen wird. Wie kann ein Mensch es wagen, so widersprüchlich von Gott zu sprechen? Nun, wer diesen Widerspruch nicht erträgt, wer diese Spannung in Gott nicht aushält, wird nie in die Fülle der Gottesherrlichkeit und Gotteswirklichkeit eindringen. Er wird immer von Gott hören und zustimmen, aber Gott selbst sehen, mit seinen Augen, wie einst Hiob, wird er nicht. Gerade Hiob ist ein ungeheures Beispiel dafür, welche Höhen und welche Abgründe ein Mensch durchwandern muß, bis er dahin kommt, Gott im Geist und in der Wahrheit, das heißt in der Wirklichkeit, anzubeten: „Vom Hörensagen nur hatte ich von dir vernommen; jetzt aber hat mein Auge dich geschaut. Darum widerrufe ich und atme auf, in Staub und Asche" (Hiob 42,6).

Christus wird der „Erstgeborene der Schöpfung", ja, an einer Stelle im Johannesevangelium sogar der „einziggezeugte Gott" (bzw. „Sohn") genannt (Johannes 1,18), und es heißt, Er sei im Schoß des Vaters gewesen. Wir können diese Aussagen nicht verstehen, solange wir nichts von Gottes Bedürfnis, von Gottes tiefem Verlangen, sich auszudrücken, sich mitzuteilen, sich darzustellen, wissen. Was bedeutet es, wenn die Bibel sagt, Christus sei gezeugt, als erster geboren worden? Ist Christus denn nicht von Ewigkeit her bei Gott und in

Gott, ist Er denn nicht Teil der wunderbaren Dreieinigkeit Gottes, eins mit dem Vater und dem Geist?

Da müssen wir sogleich die Gegenfrage stellen: Wie
kann Gott „Vater" sein, wenn Er nicht etwas aus sich
selbst hervorbringt, gebiert, das Er „Sohn" nennen
kann? Mit dieser Bezeichnung „Erstgeborener der ganzen Schöpfung" oder „einziggeborener Gott" (bzw.
„Sohn") deutet der Heilige Geist auf das Geheimnis
hin, das es Gott ermöglichte, Sein Bedürfnis zu stillen.
Aus Seinem Schoße, aus Seinem Wesen und Seiner ge-
drängten Fülle wird der Sohn geboren. Christus war immer in Gott, im Schoße des Vaters. Er ist kein Geschöpf
wie wir. Von Ewigkeit her war und ist Er eins mit Gott,
ist Er Gott, ja, Johannes sagt sogar, Er sei der wahrhaf-
tige Gott und das ewige Leben. Aber dennoch tritt
Gott, indem Er den Sohn „gebiert", zum ersten Mal aus
sich heraus und nimmt Gestalt an, eben die Gestalt Seines einziggeborenen Sohnes. Er ist in vollgültiger Weise
der in Erscheinung getretene Gott, die Gestalt Gottes,
das Ebenbild des unsichtbaren Gottes, wie Paulus es
formuliert. Im Buch der Sprüche (Kapitel 8) lesen wir:
„Als die Urmeere noch nicht waren, wurde ich geboren ... ehe die Berge eingesenkt wurden, vor den Hü-
geln wurde ich geboren ..." Und etwas weiter unten
heißt es: „Als er die Fundamente der Erde abmaß, da
war ich als geliebtes Kind bei ihm. Ich war seine Freude
Tag für Tag und spielte vor ihm allezeit." Es besteht
kein Zweifel, daß hier von Christus, vom Sohn Gottes,
die Rede ist, wurde Er uns doch von Gott gemacht zur
Weisheit ...

Damit aber war Gottes Bedürfnis noch lange nicht gestillt. Natürlich besaß Christus stets Gottes Wohlgefallen; Er war der vollkommene Ausdruck Seines Vaters,
aber Er war noch immer innerhalb der Gottheit; Gott
war noch immer alles, sich selbst genug – Er besaß noch
immer kein Gefäß, in dem Er aus sich heraustreten und
sich manifestieren konnte. Christus war gleichsam erst

das Muster, die Grundstruktur dessen, was dieses Gefäß sein sollte, die reine Form der Gestalt, die dieses Gefäß annehmen sollte.

Da faßte Gott einen Entschluß, einen Plan, einen Vorsatz – die Bibel braucht oft in diesem Zusammenhang das Wort Ratschluß –, was auf das Ergebnis einer Beratung innerhalb der Dreieinigkeit hindeutet. Das Ergebnis jedenfalls war, daß Gott sich entschloß, durch den Sohn Himmel und Erde zu schaffen mit einer Vielfalt von Lebewesen, die alle auf ihre Weise ein Ausdruck Seiner Schöpferherrlichkeit, Seiner Phantasie, Seiner Großmut und Güte und Seiner verschwenderischen Fülle sein sollten. Ihr Haupt aber sollte ein Wesen sein, das vollkommen dem Sohn, dem Bilde Gottes selbst, nachgebildet war: „Laßt uns den Menschen machen in unserem Bilde, uns ähnlich" (1. Mose 1,26). Dieses erschaffene Wesen sollte, aus freier Entscheidung und in Liebe zu seinem Schöpfer, in der Gestalt des Baumes des Lebens das Leben Gottes empfangen, in sich aufnehmen, indem es sich von der Frucht dieses Baumes nährte. Dieses Wesen sollte sich, so von Gott (von Christus) erfüllt, vervielfachen, die Erde bevölkern und so die Erde mit dem Leben und der Wirklichkeit Gottes erfüllen.

Aber auch geistlich gesehen sollte der Mensch wachsen und zunehmen, er sollte Gott erkennen, als eine Gemeinschaft von Menschen Gott in seiner Vielgestaltigkeit und Fülle repräsentieren. Wie wir bereits erwähnt haben, sah Paulus Zeitalter um Zeitalter an seinem inneren Auge vorbeiziehen, in denen der Mensch immer tiefer eindringt in das Geheimnis Christi, in die Erkenntnis Gottes. Er sah neue Möglichkeiten der Entwicklung und Entfaltung, neue Bedingungen, die es ermöglichten, daß weitere Aspekte von Christus ans Licht und in Operation treten konnten, und dies ohne Ende. Diese Vision des Apostels war Teil des ursprünglichen Planes Gottes. Adam sollte das Haupt, der Erstling einer Menschheit sein, die von Christus erfüllt ist, in der Christus alles ist, die in der Christus- und Gotteserkenntnis fortschreitet und darin immer mehr verwandelt wird, in der Christus immer klarer Gestalt gewinnt, die immer reifer wird in ihrem Erfassen Christi und in der Ausübung und Erfüllung ihrer Berufung als Partnerin und Teilhaberin Seiner Herrschaft. In immer neuen Schöpfungen und Verwandlungen, in neuen Zeitaltern und Äonen sollte sie Christus darstellen und zum Ausdruck bringen, damit Gott endlich nicht nur alles sei, wie Er es am Anfang, vor aller Zeit, war, sondern „alles in allem", wie Paulus es als äußerstes Ende seiner geistlichen Sicht noch wahrnehmen konnte.

Die Ausführung dieses Planes

„Am Anfang schuf Gott die Himmel und die Erde." Erst wenn wir um Gottes Bedürfnis und Absicht wissen, können wir verstehen, was mit diesem Anfang gemeint ist. Es ist nicht der Anfang der Zeit, es ist nicht der Anfang der Welt oder irgendwelcher Materie, sondern der Anfang der Ausführung von Gottes Plan. Wir hören vom ersten Schritt, den Gott unternahm, um Sein ungestilltes Verlangen zu befriedigen. Wir können hier nicht über die Frage der Schöpfung sprechen. Aber für den Zusammenhang ist ein Aspekt des biblischen Berichtes wichtig, ohne den wir hilflos an diesen ersten Kapiteln herumrätseln. Dieser erste Vers von Genesis 1, den wir eben zitiert haben, ist alles, was uns über die ursprüngliche Schöpfung in der Bibel berichtet wird. Es gibt in andern Büchern Ergänzungen dazu, aber ausführlicher wird nirgends über die erste Schöpfung von Himmel und Erde gesprochen. Was von Vers 2 an folgt, hat einen gänzlich anderen Charakter; der hebräische Grundtext enthält Wörter, die sonst nur im Zusammenhang mit dem Gericht Gottes über Israel und die Nationen verwendet werden. Zudem muß dem ganzen geistlichen Gehalt nach der Satz „Und die Erde war wüst und leer" so übersetzt werden: „Und die Erde *wurde* wüst und leer." Das Hebräische kennt kein Wort für „sein" (im Neuhebräischen mußte man dafür eigens eine Partizipialform konstruieren). Das Wort „hajah", das hier steht, deutet ein Geschehen an, und es wird stets verwendet, wenn ausgedrückt werden sollte, wie das Wort Gottes zu irgendeinem Propheten kam: „Und das Wort des Herrn ‚geschah' (hajah) zu Jeremia." Es handelte sich also bei der Erzählung ab Genesis 1,2 um eine Wiederherstellung von etwas, das früher in vollkommener Weise bereits dagewesen und durch ein Gericht zerstört worden sein mußte.

Das erste, was Gott schuf, waren „die Himmel". Das Wort steht in der Mehrzahl, und das entspricht vollkommen dem ganzen biblischen Zeugnis. An verschiedenen Orten ist von mehreren Himmeln die Rede, ja, sogar von den Himmeln der Himmel, und es heißt, Gott sei so groß, daß selbst diese Himmel der Himmel Ihn nicht fassen könnten. Wie kleinkariert sind doch unsere Gedanken von Gott, wenn wir Ihn uns irgendwo in einem entlegenen Jenseits vorstellen! Wir sehen immer wieder – überall platzen die biblische Gotteserkenntnis und das biblische Zeugnis von Gott aus den Nähten unserer primitiven dogmatischen Vorstellungen, steigt Gott wie ein gewaltiger Strom aus dem engen Bett des historischen Christentums und überflutet alle unsere Vorstellungen und sprengt all unser Fassungsvermögen. Das ist gut so. Nur so haben wir den lebendigen Gott. Paulus war in einer einmaligen Verzückung „im dritten Himmel", wo er „unaussprechliche" Worte hörte, „die ein Mensch nicht aussprechen darf". Wie viele Himmel gibt es wohl? In welchen kommen wir, wenn wir von dieser Erde gerufen werden? Wir sollten uns diese verschiedenen Himmel nicht in erster Linie räumlich, sondern wesenhaft vorstellen. Es handelt sich um Stufen, um Erfahrungen der Gottesnähe, des Durchdrungenseins, der

Ausdrucksmöglichkeiten Gottes, die wir nicht mit irdischen Worten beschreiben können. Halten wir uns an das Zeugnis des Apostels Paulus. Er spricht von Mächten, Fürstentümern und Gewalten, von Autoritäten, die durch den Sohn und für Ihn geschaffen worden seien. Er spricht von Erzengeln und himmlischen Heerscharen, von heiligen Engeln, die im Gefolge des wiederkehrenden Christus zur Erde herabsteigen werden. Der Hebräerbrief erklärt, Engel seien dienstbare Geister. Im Alten Testament wird angedeutet, sie seien aus dem Flammenhauch Gottes hervorgegangen. Es ist von Cherubim und Seraphim die Rede; die letzteren werden als flammende Feuerwesen vorgestellt, wie ja auch der Cherub an der Paradiespforte ein Flammenschwert in der Hand hatte. Und nur andeutungsweise erwähnt die Schrift ein Wesen, das in dieser ganzen Geistwelt der himmlischen Hierarchien eine hervorragende Stellung innehatte, und zwar in doppelter Hinsicht: in Beziehung zum Sohn Gottes und in Beziehung zum Menschen, der erst später geschaffen werden sollte. In Jesaja 14 wird er „der strahlende Sohn der Morgenröte" genannt. In Hesekiel 28 heißt es von ihm: „Du warst ein vollendet gestaltetes Siegel, voller Weisheit und vollkommener Schönheit. Im Garten Gottes, in Eden, bist du gewesen. Allerlei kostbare Steine umgaben dich … aus Gold war alles gemacht, was an dir erhöht und vertieft war, all diese Zierden brachte man, als man dich schuf. Einem Cherub mit ausgebreiteten schützenden Flügeln gesellte ich dich bei. Auf dem heiligen Berg der Götter bist du gewesen. Zwischen den feurigen Steinen gingst du umher. Ohne Tadel war dein Verhalten seit dem Tage, an dem man dich schuf …"

Hier wird in bilderreicher Sprache auf ein Wesen hingedeutet, das in besonderer Weise in dieser ganzen Himmelswelt ausgezeichnet war, eine Vorrangstellung hatte und folglich auch eine Funktion ausübte, die jene aller übrigen Wesen an Bedeutung übertraf. Dieses Wesen hatte den unmittelbarsten Zutritt zur Wirklichkeit Gottes und strahlte diese auch am klarsten und reinsten zurück.

All diese Wesen reflektieren die Herrlichkeit Gottes, worauf ihr Feuercharakter hindeutet, denn Gott selbst ist ein verzehrendes Feuer. Sie wurden geschaffen, aber sie haben, was ihr Wesen betrifft, nichts mit der Geschichte dieser Erde und dem Schicksal der Menschen zu tun. „Sie heiraten nicht", sagt Jesus lapidar, womit Er andeutet, daß sie ganz anderen Bedingungen unterworfen sind und in ganz anderen Bedingungen leben als wir Menschen. Aus ihnen strahlt die Herrlichkeit, die Größe, die Autorität Gottes hervor, und zwar so, daß jedermann, der ihnen begegnet, in Schrecken versetzt wird. Ihre Funktionen und Aufgaben sind vielfältig: Sie sind Boten, die Nachrichten überbringen; sie haben Missionen verschiedenster Art zu erfüllen; sie führen Krieg gegen die Widersacher Gottes. Aber ihre größte und wichtigste Aufgabe sind die Verherrlichung und die Anbetung Gottes. Ununterbrochen tönt ihr Lobpreis durch die verschiedenen Zeitalter. Die himmlischen Bereiche sind erfüllt von ihrem Lob, von ihren Hymnen und Liedern. Aber sie repräsentieren auch die Heiligkeit und das Gericht Gottes; sie üben die Regierungstätigkeit aus für Gott und im Namen Gottes. Sie sind die Diener des Sohnes und stehen Ihm zur Verfügung, da sie für Ihn geschaffen wurden.

Mit diesen Himmeln schuf Gott sich also ein Instrumentarium, durch das Er sich verherrlichen konnte, durch das Er hervorstrahlen und sich zum Ausdruck bringen konnte. Aber damit war Sein Plan noch nicht erfüllt. Die Engel waren alles Wesen von göttlicher Natur; es fehlte der Gegensatz, an dem Gott als Gott und als göttliche Fülle erkannt und geliebt werden konnte. Es fehlte das Gegenüber, in das Er sich hineingeben und an das Er sich hingeben konnte. Gott wollte sichtbar werden, aus Seiner Verborgenheit hervortreten, gleich-

sam Fleisch und Blut annehmen. Aber dazu bedurfte Er
erst noch eines Wesens, das Fleisch und Blut an sich hatte. Dies führte Ihn dazu, auch eine Erde, einen sichtbaren Kosmos zu schaffen mit allen Möglichkeiten der
Entwicklung und Entfaltung und Verwandlung, wie wir
ihn, allerdings in völlig entstellter und schattenhafter
Form, heute ahnungsweise kennen.

Was war das Motiv für diese sichtbare Schöpfung?
Tief im Herzen Gottes, im Zentrum Seines Wesens, im
innersten Heiligtum formte sich allmählich das Bild
einer Stadt aus Gold, durchsichtig wie Glas. Sie war rie-
sig, diese Stadt. Sie enthielt alle Elemente dieser Schöpfung in vollendeter, umgewandelter Form. Diese Stadt
war der Inbegriff aller Liebe, aller Sehnsucht Gottes,
der Inbegriff von Gemeinschaft und Harmonie. Sie war
der höchste und letzte Ausdruck Gottes in Christus, ein
vollendetes Gefäß der ganzen Fülle Gottes. Diese Stadt
nannte Er Jerusalem – in ihrer Mitte stand Sein Thron,
und auf dem Thron saß ein Lamm, gekrönt mit Ehre
und Herrlichkeit. Um den Thron herum standen die
Vertreter einer erneuerten und verherrlichten Schöpfung. Diese Stadt war lebendig, der Baum des Lebens
hatte sich in ihr ins Ungeheure vervielfacht und trug
überreiche Frucht. Aus der Mitte dieser Stadt, vom
Thron her, floß unaufhörlich ein Strom von Wasser des
Lebens, der alles belebte, was damit in Berührung kam.
Diese Stadt leuchtete durch die Gegenwart Gottes –
Christus war ihre Lampe, und Gott war ihr Licht. Es gab
in ihr nichts, was dieses Licht irgendwie hinderte, durch
sie hindurchzuscheinen und die Zeitalter zu erhellen.
Diese Stadt schwebte Gott vor, die Vollendung der
Schönheit, wie der Psalmist sie preist, als Er sich daran-
machte, die Erde und die Menschen zu schaffen. Er
nannte sie die Braut des Lammes – denn sie war die Gestalt einer reifen, an ihr Ziel gelangten Liebe.

Gottes ewiger Plan

2. Teil

„Wir wissen, daß Gott bei denen, die ihn lieben, alles
zum Guten führt, die nach seinem ewigen Plan berufen sind; denn alle, die er im voraus erkannt hat, hat
er auch im voraus dazu bestimmt, an Wesen und Gestalt seines Sohnes teilzuhaben, damit dieser der Erstgeborene von vielen Brüdern sei. Die aber, die er vor-
ausbestimmt hat, hat er auch berufen, und die er berufen hat, hat er auch gerecht gemacht; die er aber gerecht gemacht hat, die hat er auch verherrlicht" (Römer 8,28-30).

Auch in diesem Schriftwort stoßen wir auf den Begriff
von „Gottes ewigem Plan". Alles, was Gott tut, tut Er
gemäß Seinem Plan, den Er sich vor Grundlegung der
Welt vorgenommen hat. Von allem Anfang an stand das
letzte Ende aller Dinge klar vor Gottes Augen. Das
himmlische Jerusalem, mit dem die Bibel aufhört, ist
kein Zufallsprodukt, es war von Anfang an das klare
Ziel allen Wirkens Gottes. Wer die Bibel zu lesen versteht, wird feststellen, daß in dieser Stadt alle Fäden der
sogenannten „Heilsgeschichte" zusammenlaufen. Alle
Linien der biblischen Offenbarung – Schöpfung, Erwählung, Erlösung, Heiligung, Verwandlung, Liebe und
Gnade Gottes, Vollendung – finden in dieser letzten
Wirklichkeit ihren krönenden Abschluß. Das himmli-

sche Jerusalem ist der Schlüssel für die ganze Schöpfungs-
und Heilsgeschichte, der Schlüssel zur Interpretation
der ganzen Bibel. Ohne dieses Grundkonzept verstehen
wir nichts im Worte Gottes. Wenn in der Schrift also
von Gottes ewigem Plan gesprochen wird, dann sind das
nicht einfach unzusammenhängende Gedanken und
Vorstellungen Gottes, die irgendwann ausgeführt werden sollten, sondern dann steht im Hintergrund das Bild
dieser Stadt, „der Schönheit Vollendung".

Und nun sagt der Apostel in Römer 8: Wir, die wir an
Jesus Christus glauben, die wir von Gott geboren und in
Christus hineinversetzt worden sind, seien „nach seinem ewigen Plan" berufen worden. Mit andern Worten,
Er erwählte uns, damit Er Seinen ewigen Plan ausführen und verwirklichen konnte! Gott braucht uns, um
Sein Ziel erreichen zu können! Ist das nicht aufregend?
Wir haben das Evangelium von der Gnade Gottes bisher immer so verstanden, daß Gott mit uns nachsichtig
gewesen ist und uns „aus Gnaden" hat mitlaufen lassen.
Eigentlich wären wir ja Kandidaten der Hölle, aber Er
konnte es eben nicht mit ansehen, wie wir so verloren
waren, und hat sich über uns erbarmt. Das aber ist wieder ein großes Mißverständnis. Wenn Gott uns nicht gerettet hätte, hätte Sein Bedürfnis nie befriedigt werden
können. Unsere Errettung und Berufung waren für Ihn
eine absolute Notwendigkeit. Wir waren von allem Anfang an berufen, „an Wesen und Gestalt seines Sohnes
teilzuhaben" und damit auch teilzuhaben an Seinem
Wohlgefallen, am Zentrum all Seiner Gedanken, Emp-
findungen, all Seiner Liebe und Freude. Gott hat uns
„in Christus" gesehen, als wir noch gar nicht geschaffen
waren. Und wir wurden geschaffen, um „in Christus"
erfunden zu werden oder, wie es der Apostel hier so
wunderbar sagt, „um an Wesen und Gestalt seines Sohnes teilzuhaben".

Aber betrachten wir alles der Reihe nach. Wir wollen
versuchen zu sehen, in welchen geistlichen Zusammen-

hängen dieser ewige Plan schrittweise erfüllt wurde und wie wir in diesen Plan einbezogen sind.

Die sichtbare Schöpfung

Im vorigen Kapitel sprachen wir von der unsichtbaren Schöpfung. „Am Anfang schuf Gott die Himmel ..." Zwar gehören Himmel und Erde zusammen, und darum müssen wir hier unbedingt noch auf die sichtbare Schöpfung zu sprechen kommen. Aber es ist auch einmal gut, sich vor Augen zu führen, daß es diese unsichtbare Wirklichkeit, diese unsichtbare Schöpfung, gibt und daß sie ebenfalls Bestandteil des ewigen Planes Gottes ist. Die Reihenfolge der Schöpfung entspricht genau der Reihenfolge der Funktionen, die die entsprechenden Bereiche zu erfüllen haben. Zuerst wurden die Himmel geschaffen, dann die Erde. Aber in Gottes Plan ist es nicht so, daß die Erde nur eine Zwischenstation ist, von der aus wir dann wieder in den Himmel gelangen. Gottes Weg geht vom Himmel zur Erde, vom Unsichtbaren zum Sichtbaren, von der Gnade zur Herrlichkeit. In der traditionellen Christenheit ist die Entrückung der Höhepunkt und gleichzeitig der Abschluß unseres geistlichen Werdeganges. Was dann folgt, ist unsere ewige Gemeinschaft mit Gott im Himmel. Gottes Weg aber verläuft gerade umgekehrt. Das himmlische Jerusalem kommt vom Himmel zur Erde nieder. Christus erscheint „mit seinen Heiligen" vom Himmel her auf der Erde. Natürlich ist die Entrückung ein wichtiges Ereignis im Ablauf der Endereignisse, aber sie ist nicht das, was sich die meisten Gläubigen darunter vorstellen. Sie ist lediglich eine Voraussetzung zum endgültigen Sieg über Satan (vgl. Offenbarung 12). „Das Ziel aller Wege Gottes ist Leiblichkeit", sagte Friedrich Christoph Ötinger, der schwäbische Gottesgelehrte des letzten Jahrhunderts, und damit meint er genau diesen Sachverhalt. Das Ende aller Entwicklungen und Wege

Gottes ist nicht der Himmel der Glückseligkeit, sondern eine erneuerte und verherrlichte Erde. Nicht ein Himmel voll lustwandelnder Erlöster, sondern „die Hütte Gottes bei den Menschen". Nicht ein seliges, ewig dauerndes Nichtstun, sondern ein Regieren und Verwalten und ein Dienst im Namen Gottes auf einer neuen Erde: „Sie werden herrschen von Ewigkeit zu Ewigkeit" – und dies nicht nur über himmlische Sphären, sondern über eine von Sünde und Tod befreite Schöpfung.

Der sichtbare Kosmos, den Gott schuf, stellte also die Grundlage, den Raum dar, in dem sich das Drama des göttlichen Planes abwickeln und verwirklichen sollte. Er war, ist und bleibt der Schauplatz des Handelns Gottes. Und von allem Anfang an war die Erde das Zentrum, der Mittelpunkt, das Herz dieses Kosmos. Was immer die Physik auch dazu sagen mag, welches Weltbild der Mensch mit seinem Wissen auch immer als richtig bezeichnen mag, von Gott aus gesehen, ist die Erde, dieses winzige Stäubchen unter Milliarden von Gestirnen im scheinbar unendlichen Raum, der Mittelpunkt des Weltalls. Die Erde ist der Planet der Liebe Gottes. Sie ist der Planet des Sohnes Gottes. Und sie ist auch der Planet der Gemeinde Gottes. Auf sie konzentriert Gott all Seine Gedanken, Seine Pläne; auf ihr lebte der Sohn in Menschengestalt, auf ihr stand das Kreuz von Golgatha, auf ihr lebt die Gemeinde, und auf ihr wird Satan gerichtet werden – und schließlich wird auf ihr das himmlische Jerusalem stehen.

Es ist Unsinn, der Bibel ein falsches Weltbild unterschieben zu wollen. Sie hat ein vollkommen richtiges Weltbild: es ist das Weltbild des ewigen Planes Gottes. Wir sehen, auch in der Weltbildfrage kommen wir nur weiter, wenn wir sie zu Gottes ewigem Plan in Beziehung setzen. Welche Bedeutung hat doch unser kleiner Planet! Welch hohe Würde erhält er, wenn wir ihn in Gottes Perspektive betrachten! Wie tief sitzt doch schon der Unglaube in unseren Knochen, daß wir noch über

„Weltbildfragen" diskutieren können! Wie verzweifelt nötig brauchen wir Offenbarung!

Wie bereits erwähnt, ist das sogenannte Sechstagewerk von 1. Mose 1 der Bericht von der *Wiederherstellung* einer vorausgegangenen vollkommenen Schöpfung. Er zeigt uns nicht, wie Gott vorging, als Er die Welt schuf, sondern wie Er es machte, als Er das Zerstörte wiederherstellte. Er offenbart die Prinzipien, nach denen Gott verfährt, nachdem etwas von Seinem ursprünglichen Willen abgewichen, aus Seinem ursprünglichen Plan ausgeschieden ist. Dieser „Schöpfungsbericht" enthält tiefe geistliche Einsichten in das Wirken Gottes. Wir können hier jedoch nicht näher darauf eingehen.

In Sacharja 12,1 lesen wir: „Es spricht der Herr, der den Himmel ausspannt und die Erde gründet und des Menschen Geist in seinem Innern bildet ..." Die Reihenfolge hier ist wichtig: Gott schuf den Himmel für die Erde, und die Erde um des Menschen willen. Der Himmel ist der Diener der Erde, und die Erde ist das Reich des Menschen. Was immer an Elementen Gott schuf, sie sollten dem Menschen dienstbar sein, ihm das Leben ermöglichen, aber auch die Erfüllung seines besonderen Auftrags. Es ist ganz eindeutig, daß der Mensch das Ziel der sichtbaren Schöpfung war. Auf ihn verwandte Gott besondere Sorgfalt. Er allein unter allen Geschöpfen wurde im Bild und Gleichnis Gottes erschaffen. Er allein ist der Partner Gottes, von allem Anfang an berufen, an Wesen und Gestalt Seines Sohnes teilzuhaben, wie es unser Schriftwort so klar sagt. Die Ausdrücke *Bild* und *Gleichnis* deuten auf die Geistgestalt des Menschen hin. Gott ist Geist, heißt es im Johannesevangelium, und das Wort aus Sacharja 12 sagt, daß Gott „des Menschen Geist in seinem Innern" gebildet habe. Dieser menschliche Geist ist das, was dem Menschen eine Beziehung, eine Verbindung mit Gott, die Gemeinschaft mit Ihm ermöglicht. Durch seinen Geist tritt der

Mensch in Verbindung mit Gott, im Geist ist er eins mit Gott, und durch den Geist weiß er von Gott und empfängt alles, was Gott ihm mitteilen will. Wer „Christus anhängt", ist „ein Geist mit ihm", sagt Paulus im 1. Korintherbrief. Nur dadurch, daß der Mensch einen Geist besitzt, kann er Leben aus Gott empfangen, kann er ein geistlicher Mensch werden, kann er in das Ebenbild Gottes verwandelt und Christus ähnlich werden, denn auch Christus wurde nach Seiner Auferstehung „zu einem lebendigmachenden Geist". Der Geist des Menschen ist das innere Zentrum der sichtbaren Schöpfung. In ihm spielt sich alles ab, was mit der Erlösung und Wiederherstellung des gefallenen „ersten" Menschen zusammenhängt, und von ihm aus gehen alle Wirkungen und Verwandlungen Gottes. In ihm nimmt Christus Wohnung im Menschen, in ihm wird der Faden der Geschichte des Planes Gottes wiederaufgenommen, sobald sich ein Mensch Christus zuwendet und gerettet ist.

Aber es ist nicht der einzelne Menschen, in dem sich Gott zum Ausdruck bringen will. Adam wurde von allem Anfang an als Haupt der ganzen Menschheit betrachtet. In seiner Erschaffung wurde die Menschheit geschaffen. Er ist das Haupt der Menschenfamilie. Sowohl der erste als auch der letzte Adam, waren die Menschen, die eine Gemeinschaft darstellen. In ihnen war die ganze Menschheit potentiell vorhanden. Adams Auftrag war, sich zu vermehren, die Erde zu füllen. Er verkörperte nicht nur die Menschheit Gottes, sondern in ihm fand die ganze sichtbare Schöpfung ihre Krönung, ihren vollkommenen Ausdruck. Die alten Völker hatten noch eine Ahnung davon, daß der menschliche Körper ein konzentrierter Makrokosmos ist, daß sich die Gesetze des Weltalls in den Organen und Verhältnissen des menschlichen Körpers ausdrücken. Von diesem Wissen her stammt alle Magie, stammt der Glaube an den Einfluß der Planeten auf das Leben des Menschen und vieles andere mehr. Wahr daran ist, daß der

Mensch tatsächlich eine Zusammenfassung der ganzen
Schöpfung ist.

Der Mensch – ein Gefäß

Wir müssen uns vor Augen halten, daß Adam weniger
als einzelner, als erster unter vielen, sondern vielmehr
als Verkörperung der gesamten Menschheit, als gemeinschaftliche Größe zu verstehen ist. Als Adam geschaffen wurde, wurde die ganze Menschheit geschaffen, als er sündigte, sündigte die ganze Menschheit.
Sein Fall bedeutete den Fall der ganzen Menschheit,
aber auch seine Erwählung war die Erwählung aller
Menschen (im Hinblick auf den ewigen Plan Gottes).
Doch damit haben wir die Bedeutung des Menschen
noch nicht ausgeschöpft. Adam war in den Augen Gottes erst ein Gefäß. Der Geist, den Er im Menschen gebildet hatte, war gleichsam eine Hülle, ein Hohlraum,
der darauf angelegt war, mit etwas ganz Bestimmtem
gefüllt zu werden. Darum hat Sacharja den Geist des
Menschen hervorgehoben, als er von der Erschaffung
von Himmel und Erde schrieb. Der Mensch sollte das
Leben Gottes empfangen und in sich aufnehmen, das im
Baum des Lebens mitten im Garten Gottes verkörpert
war. Dazu also wurde der Mensch geschaffen. Bevor er
sich vermehrte, sollte er vom Baum des Lebens essen
und ewig leben! Dies ist nicht nur zeitlich gemeint, denn
noch gab es keinen Tod in der Schöpfung, der seinem irdischen Leben hätte ein Ende setzen können. Noch
kannte die Schöpfung nicht diesen furchtbaren Fluch
der Vergänglichkeit, der Verderbnis, der diesen Planeten in einen Planeten des Todes verwandelte. Noch gab
es keinen Grund, das Leben des Menschen zu verkür-
zen und frühzeitig zu beenden. Nein, Gottes Plan war,
daß der Mensch das Leben Gottes in sich aufnehmen
und sich dann vermehren und die Erde erfüllen sollte.
Gott wollte im Menschen wohnen, sich durch den Men-

schen verherrlichen, Seine ganze Fülle in einer von Ihm erfüllten und durchdrungenen Menschheit manifestieren. Adam war vor seinem Fall für Gott die Verheißung auf eine Menschheit, die durch das Leben aus Gott mit Ihm vereinigt war, Gott ausdrückte, in Gott zur Vollgestalt, zur Reife, zur Fülle gelangte, durch die Gott herrschen und sich verherrlichen konnte.

Adam war noch nicht vollendet, als er aus der Hand des Schöpfers hervorging; er war erst ein Gefäß, und zwar ein irdisches Gefäß. Zur Vollendung konnte er nur gelangen, wenn er das Leben Gottes empfing; aber auch dadurch war er noch nicht am Ziel. Durch Gehorsam und Vertrauen gegenüber Gott, gegenüber dem Leben Gottes in ihm sollte er wachsen und zur Vollendung heranreifen. Durch Prüfungen und durch die züchtigende Hand Gottes sollte er zu etwas werden, das durch und durch Gottes Wesen ausstrahlte, durch und durch die Gestalt Christi offenbarte. Die Menschen sollten zu „Söhnen" werden, deren Erstgeborener Christus selbst war. Christus als Erstgeborener unter vielen Brüdern – dieser Gedanke steckte hinter der Erschaffung des Menschen.

Drei Hauptstränge in Gottes ewigem Plan

Wir haben vorhin festgestellt, daß Gott von allem Anfang an die Vollendung Seiner Wege und Verwandlungen vor Augen gehabt hat: das himmlische Jerusalem. In diesem Symbol laufen drei Hauptstränge des Planes Gottes zusammen und sind dort in Ewigkeit miteinander vereinigt. Das himmlische Jerusalem hat drei wesentliche Aspekte: es ist eine *Stadt,* es ist die *Braut* oder das *Weib* des Lammes, und es ist *die Hütte Gottes bei den Menschen,* das heißt, es ist der Tempel, die Wohnung Gottes (vgl. Offenbarung 21,2-3).

Diese drei Aspekte entsprechen dem dreifachen Bedürfnis Gottes: 1. dem Bedürfnis der *Autorität* Gottes,

2. dem Bedürfnis der *Liebe* Gottes und 3. dem Bedürfnis der (wiederherstellenden) *Gnade* Gottes. Das Bedürfnis nach Autorität wird durch die *Stadt* befriedigt. Eine Stadt ist der Inbegriff einer Verwaltung, einer Administration, einer Herrschaft. Eine Stadt ist nur möglich, wenn das Zusammenleben so vieler Menschen durch eine klare Verwaltung gewährleistet ist. Im Mittelalter war die Stadt auch der Inbegriff der Sicherheit, des Schutzes, ja, der Freiheit: „Stadtluft macht frei". Wer ein Jahr lang innerhalb von Stadtmauern gelebt hatte, konnte nicht mehr von seinem Grundherrn als Höriger beansprucht werden. Er durfte sich als Freier in der Stadt ansiedeln. Eine Stadt repräsentiert Macht, Autorität, besonders in der Bibel.

Das Bedürfnis der Liebe Gottes wird durch die *Braut* befriedigt. Das himmlische Jerusalem stellt die *Braut,* ja, das *Weib* des Lammes dar. In dieser Funktion repräsentiert es das Volk Gottes als Gegenstand der Liebe Gottes. Schon das Israel des Alten Bundes wurde die „Gattin" Jehovas genannt. Der Prophet Jeremia bezeichnete die Zeit Israels nach dem Auszug aus Ägypten als „die Zeit des Brautstandes"; dort, als sich das Volk ganz dem Bau der Stiftshütte und dem Dienst im Heiligtum widmete, schloß Jehova einen Ehebund mit Israel. Gottes Liebe verlangte nach einer ebenbürtigen Partnerin. Und was die Menschheit in ihrem ursprünglichen Unschuldszustand der Schöpfung aufgrund des Falles nicht werden konnte, sollte Israel als erwähltes Volk werden. Und doch war das alles nur schattenhaftes Vorbild für eine geistliche Wirklichkeit, die sich erst manifestieren und Gestalt annehmen konnte, als der zweite Mensch, Christus, auferstand und als Sohn, als Erstgeborener von den Toten, erhöht und eingesetzt wurde: Er sollte das Haupt einer neuen Menschheit sein, die nicht mehr durch fleischliche Beziehungen eins war, sondern kraft des innewohnenden Lebens aus Gott: das Haupt der *Gemeinde.* Wie Adam vor dem Fall verkörperte Christus nach der Auferstehung das Prinzip der Sohnschaft; durch Ihn, den Sohn, sollten viele zu Söhnen gemacht werden. Darum ist Er der Erstgeborene unter vielen Brüdern.

Aber die Menschheit bestand ja nicht nur aus Adam. Es war nicht gut, daß der Mensch allein war. Mit Adam allein waren noch nicht alle Bedürfnisse Gottes gestillt. Gott führte ihm Eva zu, und erst durch sie konnte Gott das Prinzip Seines zweiten Bedürfnisses verwirklichen – das der Braut, des Weibes. Als Stadt stillt das himmlische Jerusalem das Bedürfnis Gottes nach absoluter Autorität, als Braut stillt sie Sein Bedürfnis nach Liebe. In diesem Symbol sind die Geschichte und das Wesen der Gemeinde an ihr Ziel gelangt. Hier findet die Vermählung des Schöpfers mit Seiner Schöpfung statt. Hier hat die Liebe Gottes ihre Erfüllung und ihre Vollendung gefunden.

Das dritte Bedürfnis Gottes läßt sich mit dem Begriff der *Gnade* umschreiben. Gnade ist weit mehr als ein bloßer juristischer Begriff. Leider hat die Reformation aus Angst vor einem materiell-magischen Mißverständnis der Gnade sich auf einen rein juristischen Begriff von Gnade festgelegt. Gnade ist aber etwas Substantielles. Viele Ausdrücke in der Schrift beweisen das. Gnade ist sogar eine aktive Kraft, eine verwandelnde Kraft. Sie ist das, was hinter dem Geheimnis der Verwandlung verborgen ist. Dieses Bedürfnis wird durch den dritten Aspekt des himmlischen Jerusalem gedeckt: dem der Wohnung, des Tempels, des Hauses Gottes. Die ganze Bibel ist der Bericht von einem gewaltigen Bauvorhaben Gottes. Der Kern, die Mitte, bildet ein Bauwerk: der Tempel. Und dieser ist nichts anderes als die Wohnstätte Gottes unter den Menschen.

Im Neuen Testament ist dies wiederum die Gemeinde. Sie wird *gebaut*. Die Gläubigen werden als lebendige Steine bezeichnet, die zu einem Bauwerk Gottes zusammengefügt werden sollen, wobei Jesus Christus der

Eckstein ist. Steine müssen aber zuerst bearbeitet werden. Das Material, das Gott zuerst zur Verfügung stand, war Staub. Dann waren es unbehauene Steine, dann lebendige Steine, und schließlich werden es lauter Edelsteine sein. In dieser Reihe von Verwandlungen drückt sich das Geheimnis der göttlichen Gnade aus. Aus Gnade wurden wir gerettet; aus Gnade wurden wir erwählt; es ist Gnade, die uns den Zugang zu Gott gewährt, und es ist wiederum seine Gnade, die uns in Seinen Dienst nimmt. Es ist Gnade, wenn Gottes Hand uns formt und wir unter Seiner Züchtigung verwandelt werden in Sein Bild. Paulus konnte sagen: „Durch Gottes Gnade bin ich, was ich bin, und seine Gnade ist nicht vergeblich gewesen an mir."

Aber hinter dieser Dreiheit: Autorität, Liebe und Gnade bzw. Stadt, Braut und Tempel verbirgt sich noch etwas viel Gewaltigeres. Unser Gott ist ein dreieiniger Gott. Jeder einzelne dieser Begriffe, jedes einzelne dieser Bilder bezieht sich in besonderer Weise auf eine der drei Persönlichkeiten Gottes: die Stadt befriedigt das Bedürfnis des *Vaters* („Dein ist das Reich und die Kraft und die Herrlichkeit"); die Braut befriedigt den *Sohn* („die Braut des Lammes"); und das Bauwerk, die Wohnung, befriedigt den *Geist* („ein Tempel des Heiligen Geistes"). Die Stadt ist das Symbol des Reiches *Gottes*. Sowohl im Alten wie im Neuen Testament steht das Reich immer in direkter Beziehung zum Vater, zu Gott selbst. „Die Reiche dieser Welt gehören Gott und seinem Christus", heißt es in der Offenbarung. Es geht um *Gottes* Autorität (vgl. Römer 13,1). Paulus sagt, daß am Ende selbst der Sohn sich dem Vater unterordnen werde, auf daß Gott sei alles und in allem.

Christus und die Gemeinde ist das Thema des ganzen Neuen Testaments. Die Gemeinde ist das, was dem Sohn als Braut zugeführt werden soll. Jesus wurde bereits von Johannes dem Täufer als Bräutigam vorgestellt. Und schließlich ist es der Heilige Geist, der ausgegossen wurde, um das Werk der Erneuerung, der „Gottesgeburt" in uns, zu vollbringen. Er ist der Geist der Gnade, Er verteilt *Gnadengaben*. Er wirkt Gottes Gnade in unser Leben hinein, und Er verwandelt uns. Er ist die Gegenwart Gottes unter uns, Er ist das Leben Gottes in uns. Unser Leib wird so zum Tempel des Heiligen Geistes, und durch den Geist werden wir schließlich auch umgestaltet und geheiligt.

So sehen wir in diesem Plan Gottes den dreieinigen Gott auf wunderbare Weise am Werk, und staunend nehmen wir wahr, wie das himmlische Jerusalem ein vollkommener Ausdruck dieses dreifachen Verlangens Gottes ist – der Autorität des Vaters, der Liebe des Sohnes und der Gnade des Heiligen Geistes in Gestalt eines vollendeten Bauwerks mit vollendetem Material. Wir wollen nun diese drei Stränge im einzelnen kurz verfolgen.

1. Autorität: Im Zusammenhang mit der Erschaffung des Himmels haben wir von einem Wesen gesprochen, das im ganzen himmlischen Kontext eine einzigartige Stellung einnahm. Wir haben es damals nicht näher bezeichnet, aber seit jeher hat man in ihm Luzifer, das höchste aller Engelwesen, gesehen, bevor er gegen Gott rebellierte und fiel. Es würde viel zu weit führen, diese Sache im einzelnen darzulegen, aber wenn die damals angeführten Belegstellen tatsächlich von ihm als einem Erzengel, ja, vielleicht dem höchsten Engel überhaupt sprechen, dann enthüllt sich uns eines der Geheimnisse von Gottes Plan. Satan wird später selbst von Jesus als Fürst dieser Welt nicht in Frage gestellt (vgl. die Versuchung in der Wüste). Er mußte also seit jeher in besonderer Weise mit dieser Erde und dem Menschen in Beziehung gestanden haben. Manche vermuten, er habe in sich das Amt eines Königs, Priesters und Propheten vereinigt und hätte die ganze Schöpfung in der Anbetung Gottes anführen sollen. Als Repräsentant der unsichtbaren und sichtbaren Schöpfung hätte er Himmel und

Erde dem Sohn Gottes zuführen sollen, da Er der legitime Erbe aller Dinge ist. Da habe sich Luzifer, betört von seiner eigenen Schönheit und Glorie, in den Kopf gesetzt, sich selbst an die Stelle des Sohnes zu setzen, sich Gott gleichzustellen und die Schöpfung – und in besonderer Weise die Erde und deren Luftkreis (einschließlich Sonne und Planeten) – von sich abhängig zu machen. Da habe ihn Gott aus Seiner Gegenwart verstoßen, und Satan samt seinem ganzen Bereich sei gefallen und in Finsternis versunken. Merkwürdig ist, daß Satan seine Autorität über den ihm zugeteilten Bereich, die Erde und deren Umkreis, behalten konnte.

Hier setzt nun der biblische Bericht mit seiner „Schöpfungsgeschichte" ein. Statt Satan zu vernichten und durch einen Kraftakt die gefallene Schöpfung aus seiner Gewalt zu befreien, macht sich Gott auf einen langen Weg, indem Er ein Wesen erschafft, das aus freien Stücken, in freier Liebesgemeinschaft mit Gott, Satan überwinden und die Schöpfung aus der Knechtschaft der Vergänglichkeit in die herrliche Freiheit der Kinder Gottes zurückführen würde. Adam bekam den Auftrag, über die Erde zu herrschen. Dies beinhaltet zwei Dinge: er sollte den Garten Eden *bebauen* und *bewahren*. Gerade dieses letztere Wort deutet auf die Wirklichkeit einer Gefahr, auf die Möglichkeit einer negativen Entwicklung hin. Durch die Versuchung der Schlange im Paradies erreichte Satan, daß dieser erste Mensch fiel und Sklave des Fürsten dieser Welt wurde. Auch wenn Gott manche Vorkehrungen traf, so konnten doch zur Zeit des Alten Bundes die Folgen des Falles nicht behoben werden. Da sandte Gott Seinen Sohn; das Wort wurde Fleisch. Als letzter Adam und zugleich als zweiter Mensch unterzog Er sich den Versuchungen des Fleisches und der Finsternis, ohne zu unterliegen. Daraus resultierte unsere Erlösung vom Fluch der Sünde und des Todes. Die Gemeinschaft zwischen Gott und Mensch wurde wiederhergestellt; durch den Heiligen

Geist konnte nun Gott im Menschen wohnen. Der Sohn nahm in der Gemeinde eine kollektive Gestalt an: sie wird zum Leib des auferstandenen und erhöhten Christus. In ihr und durch sie herrscht Er seither über Satan und über die Mächte der Finsternis, und es ist nur noch eine Frage der Zeit, bis auch der Tod sich Ihm unterwerfen wird. Das himmlische Jerusalem ist der vollendete Ausdruck der absoluten, wiederhergestellten Autorität Gottes: „Und sie werden herrschen von Ewigkeit zu Ewigkeit ... der Tod wird nicht mehr sein ... das Meer (die Wasser des Todes) ist nicht mehr."

2. Liebe: Bei Adam heißt es: „Es ist nicht gut, daß der Mensch allein sei; ich will ihm eine Gehilfin machen, seinesgleichen" (oder: die ihm entspricht oder zu ihm paßt). Liebe setzt Gemeinschaft voraus. Liebe ist Vereinigung, Harmonie, Einheit, Ergänzung, Vervielfachung. All das war nur möglich, wenn Adam nicht allein blieb. Die merkwürdige Art, wie Gott Eva schuf, ist voll tiefer, sinnbildlicher Bedeutung. Sie wird nicht von Grund auf neu geschaffen wie vorher Adam. Gott nimmt eine Rippe von Adam, als dieser sich in einem tiefen Schlaf befindet, und baut daraus eine Frau. Der Schlaf Adams ist sicherlich ein Vorbild auf den Tod Christi. Wir haben hier modellhaft dargestellt, wie die Gemeinde, die ja die Braut des Lammes werden soll, entstand. Die Rippe (Gebein von meinem Gebein) versinnbildlicht Auferstehung. Knochen sind das einzige vom Menschen, das Jahrhunderte, sogar Jahrtausende überdauern kann. Diese Rippe umgibt er mit Fleisch und führt die so geschaffene Frau zu Adam. In ihr erkennt dieser sein Gegenüber. Mit ihr als einziger aus dem Umkreis der ganzen Schöpfung kann er Gemeinschaft pflegen. Durch sie kann er Gottes Auftrag erfüllen, sich zu vermehren und die Erde zu füllen.

Genauso verhält es sich mit Christus. Was Eva für Adam, das bedeutet die Gemeinde für Christus. Paulus hat diesen Zusammenhang deutlich im Epheserbrief ausgesprochen. Sie ist Sein Leib; sie wurde von Ihm genommen. Sie entstand dadurch, daß Menschen aus Gott geboren wurden, das heißt Leben aus Gott empfingen. Es sind zwar noch immer Menschen und werden immer Menschen bleiben, aber in ihnen ist das Leben, die Wirklichkeit „Adams", sie sind von Seinem Fleisch und von Seinem Gebein. Das Wesen der Gemeinde ist Gemeinschaft, *koinonia*. Sie besteht und existiert nur dadurch, daß Christus in allen Heiligen wohnt, daß alle dasselbe Leben miteinander teilen, durch den einen Geist zu einem Leibe getauft wurden.

Das Wesen der Gemeinschaft ist Liebe. Mit dem Heiligen Geist kam die Liebe Gottes in die Herzen derer, die die Gemeinde bilden. Und von der Gemeinde wird erwartet, daß sie in ihrer ersten Liebe bleibt, daß sie diese Liebe nie verliert, ja, daß sich ihre Liebe zum Herrn immer mehr vertieft und verstärkt und zu einer starken Sehnsucht steigert, die ihre Erfüllung erst in der Hochzeit des Lammes findet. Das Geheimnis der Erschaffung Evas ist das Geheimnis der Erlösung. Und nichts offenbarte die tiefe Liebe Gottes zu Seiner Schöpfung und insbesondere zum Menschen selbst so deutlich wie die Erlösung. Könnte man unter dem ersten Aspekt der Autorität die Bibel als einen einzigartigen Bericht von der Geschichte des Reiches Gottes, der Wiederherstellung der Autorität und des letztendlichen Triumphes Seiner Herrschaft und dem Gericht über alle Seine Gegner bezeichnen, so könnte man unter dem zweiten Aspekt mit demselben Recht behaupten, die Bibel, von der Genesis bis zur Offenbarung, sei eine einzigartige Liebesgeschichte zwischen Gott und Seinem Geschöpf, dem Menschen. Ganze Strecken weit scheint diese Geschichte tragisch zu verlaufen. Das unermüdliche Liebeswerben und das Ringen Gottes um Sein geliebtes Volk, um Seine geliebte Braut, wurden immer wieder mit Ablehnung, Desinteresse, mit Abfall und Hurerei beantwortet.

Und dennoch gab Gott nicht auf. Gott ist der hartnäckigste Liebhaber, den die Welt, dieses Universum, je gesehen hat. Er scheute vor dem größten Opfer nicht zurück, um Seine Braut doch noch zu bekommen: „So sehr hat Gott die Welt geliebt, daß er seinen eingeborenen Sohn dahingab ..." So tragisch der Fall und die Verirrung des Menschen waren, was für Herrlichkeit ist daraus entstanden! Selbst Satan konnte Gott nichts nehmen. Betrachtet diese Stadt: sie besitzt die Herrlichkeit Gottes! Sonne und Mond verblassen vor ihrem ewigen Glanz. Alle Nationen wandeln in ihrem Licht. Nichts mehr von Sünde, keine Spur mehr von Tod und Verderben. Nur Leben, Licht, Fruchtbarkeit, Reinheit und äußerste Klarheit um und um! Welch ein Liebhaber ist Gott! Was für eine Braut hat Er sich geschaffen, erlöst, geheiligt, vollendet!

3. *Gnade:* Dieser dritte Aspekt wird sichtbar in der Geschichte des Hauses Gottes im Alten wie im Neuen Testament. Dies ist das dritte Bedürfnis, eines der wesentlichsten Bedürfnisse Gottes überhaupt: Gott wollte unter den Menschen wohnen. Er wollte sich einen Tempel bauen aus lebendigen Steinen. Das Muster für den Bau bestand von Ewigkeit her: es wurde bereits Moses auf dem Berge gezeigt. Auch David erhielt eine Offenbarung davon, aufgrund der sein Sohn Salomo dann den Tempel baute. Alle Maße und Proportionen mußten dem Urbild entsprechen, nichts war der Phantasie der Menschen überlassen. Gottes Wohnung mußte Gott entsprechen, mußte dem Bild Gottes angepaßt sein. Die Gnade Gottes in der Person des Heiligen Geistes machte dieses Bauwerk möglich. Es begann wiederum mit Eva. Ist es wohl rein zufällig, daß die Bibel erwähnt, Gott habe aus der Rippe ein Weib *gebaut?* Ich glaube nicht. Es hätte nahegelegen, hier ganz einfach „geformt", „gebildet" zu verwenden. Aber jedes Wort in der Bibel ist bewußt gewählt und läßt sich nicht beliebig

durch ein anderes ersetzen. Tatsächlich klingt an dieser Stelle zum ersten Mal das Programm Gottes auf: Gott baut sich aus dem Material Seiner Schöpfung ein Haus, einen Tempel, eine Wohnung Gottes im Geist. Die Gemeinde wird im Neuen Testament das Haus Gottes genannt. Christus wohnt in den Heiligen. Diese Tatsache erst macht sie eins. Genauso wie der Leib jedes einzelnen Gläubigen ein Tempel des Heiligen Geistes ist, so ist die Gemeinde als Ganzes die Wohnung Gottes im Geist. Immer wieder ist davon die Rede, daß wir aufgebaut, zusammengefügt werden müssen. Die Gläubigen müssen als lebendige Steine behauen, umgeformt, verwandelt werden, bis sie laut- und lückenlos in Gottes Bauwerk passen. Dies alles ist das Werk der Gnade Gottes. Und die Gnade Gottes wird uns vermittelt und zuteil durch den Heiligen Geist. Die ganze Bibel ist wiederum ein einziger Bericht von der Geschichte des Bauwerks Gottes.

Alle drei Offenbarungsstränge vereinigen sich im himmlischen Jerusalem: Es ist die Vollendung des Reiches Gottes, der Herrschaft, der Autorität Gottes; es ist die Vollendung der Liebe Gottes durch das Hochzeitsmahl des Lammes, und es ist auch der vollkommene Ausdruck der an ihr Ziel gelangten Gnade Gottes: die Hütte Gottes bei den Menschen. Mit dieser Stadt ist Gottes Plan vollkommen erfüllt.

So erweist sich Gottes ewiger Plan als gewaltige Symphonie, die in eine ewige Anbetung und Verherrlichung Gottes mündet. Möge der Herr so in uns wirken, daß der Tag nicht mehr fern ist, wo alles vollbracht sein und das geschehen wird, was Johannes in Offenbarung 21,1-6 sah:

„Und ich sah einen neuen Himmel und eine neue Erde; denn der erste Himmel und die erste Erde sind vergangen, und das Meer ist nicht mehr. Und ich sah die heilige Stadt, das neue Jerusalem, aus dem Himmel herabsteigen von Gott, zubereitet wie eine für ihren Mann geschmückte Braut. Und ich hörte eine laute Stimme aus dem Himmel sagen: Siehe da, die Hütte Gottes bei den Menschen! Und er wird bei ihnen wohnen, und sie werden sein Volk sein, und Gott selbst wird bei ihnen sein, ihr Gott. Und Gott wird abwischen alle Tränen von ihren Augen, und der Tod wird nicht mehr sein, noch Leid, noch Geschrei, noch Schmerz wird mehr sein; denn das Erste ist vergangen. Und der auf dem Throne saß, sprach: Siehe, ich mache alles neu! Und er sprach zu mir: Schreibe, denn diese Worte sind gewiß und wahrhaft! Und er sprach zu mir: Es ist geschehen! Ich bin das A und das O, der Anfang und das Ende. Ich will dem Durstigen geben aus dem Quell des Wassers des Lebens umsonst!"

Die geistliche Wirklichkeit
der Gemeinde

Gottes zentraler Wille für diesen Heilsabschnitt:
Der Bau der Gemeinde

Was folgt nun, nachdem wir „Gottes ewigen Plan" betrachtet haben? Hat die Erkenntnis dieses Planes irgendwelche Bedeutung für unser praktisches Leben als
Christen? Was nützt es, sich in so hohe Spekulationen
zu verlieren, die mit dem täglichen Kampf und den Pro-
blemen des Alltags eines Christen scheinbar sehr wenig
zu tun haben? Nun, wir sind hier bei einem entscheidenden Wendepunkt angelangt. Wir werden aufgefordert,
Farbe zu bekennen. Wir müssen uns entscheiden, um
was es in unserem Glauben letztlich geht: Geht es in erster Linie darum, daß unsere Wünsche und Bedürfnisse
befriedigt werden? Steht im Zentrum unseres Glau-
benslebens der Mensch, unser eigenes geistliches Wohl-
ergehen, unser ewiges Schicksal und Seelenheil? Inter-
essieren wir uns für geistliche Dinge nur insofern, als sie
uns geistlich oder vielleicht auch materiell nützen? Oder
geht es uns in erster Linie darum, daß Gott Seine Ziele
erreicht, daß Sein Wille geschieht im Himmel und auf
Erden, daß Seine Bedürfnisse befriedigt und Er dadurch verherrlicht wird, daß alle Dinge in Christus zusammengefaßt und vollendet werden? Wir sprechen oft
so leichtfertig vom Willen Gottes. Aber wir kümmern
uns dennoch nur so weit um den Willen Gottes, als wir
davon unmittelbaren Nutzen haben.

Wir sind auch als Gläubige elende Egoisten. Alles dreht sich um uns und unsere Bedürfnisse. Wenn sich die Dinge in unserem Sinne entwickeln, sind wir glücklich, und es geht uns gut. Läuft es jedoch nicht so, wie wir es gehofft und erwartet haben, dann sind wir entmutigt und hadern mit Gott. Wir haben die eindringlichen Worte des Apostels Paulus nur allzu bereitwillig überhört: „Ihr gehört nicht euch selbst; denn um einen teuren Preis seid ihr erkauft worden" (1. Korinther 6,19-20). „Er ist aber für alle gestorben, damit die Lebenden nicht mehr für sich leben, sondern für den, der für sie starb und auferweckt wurde" (2. Korinther 5,15). „Keiner von uns lebt sich selber, und keiner stirbt sich selber. Leben wir, so leben wir dem Herrn, sterben wir, so sterben wir dem Herrn. Ob wir leben oder ob wir sterben, wir gehören dem Herrn" (Römer 14,7-8). Oder denken wir auch an das andere Wort: „Ich aber bin durch das Gesetz dem Gesetz gestorben, damit ich für Gott lebe. Ich bin mit Christus gekreuzigt worden; nicht mehr ich lebe, sondern Christus lebt in mir" (Galater 2,19-20).

Was drücken alle diese Schriftworte aus? Sie reden von einer einzigen, alles verändernden Tatsache: durch die Erlösung wurden wir von uns selbst befreit, um für Gott zu leben. Indem wir mit Christus gekreuzigt wurden, starben wir allen Ansprüchen und Forderungen gegenüber, die das Gesetz an uns gestellt hatte. Aber wir starben auch allen Bedürfnissen, die wir als Menschen in dieser Welt haben. Die Erlösung versetzt uns mit einem Schlag auf die Seite des Willens, der Bedürfnisse, des ewigen Planes Gottes. Wir leben nicht mehr uns selbst, weil wir nicht mehr uns selbst gehören. Der Sinn unseres Lebens und Glaubens besteht darin, daß wir Seinen Zielen und Bedürfnissen dienen. Und vielleicht begreifen wir nun, warum es von größter Bedeutung ist, daß wir den ewigen Plan Gottes kennen: Wir erfüllen als Christen nur dann unsere hohe Berufung, die an uns ergangen ist, wenn wir uns ganz vom Willen Gottes bestimmen und beherrschen lassen. Und was dieser Wille ist, ergibt sich daraus, daß wir Gottes ewigen Plan erkennen.

David im Alten Testament ist ein gutes Beispiel für das, worauf es uns hier ankommt. Warum wird er als Mann „nach dem Herzen Gottes" bezeichnet? Warum wurde das irdische Königtum dieses Menschen zum irdischen Abbild des Königtums Gottes und Christi? Etwa weil er ein besonders heiliger Mensch war? Keineswegs. Wir wissen doch alle, welche Tiefpunkte es im Leben Davids gegeben hat. Die Berichte, die uns über seine groben und schrecklichen Sünden informieren, sind uns genau bekannt. Und trotzdem hat Gott diesen Mann auserwählt und ihn mit Seinem Plan in Verbindung gebracht. Jesus selbst wurde „Sohn Davids" genannt. Auf Ihn deuteten die Apostel nach Pfingsten die „gewissen Gnaden Davids" oder, wie es in einer anderen Übersetzung heißt: „Ich will euch die Heilsgaben gewähren, die ich David fest zugesagt habe" (Apostelgeschichte 13,34). Paulus deutete dieses Wort auf die Auferstehung Christi.

Warum also war David trotz seines fehlerhaften Charakters „ein Mann nach dem Herzen Gottes"? In Apostelgeschichte 13,22 lesen wir die Antwort: „Ich habe David, den Sohn des Isai, als einen Mann nach meinem Herzen gefunden, *der alles, was ich will, vollbringen wird.*" Die Elberfelder Bibel sagt es noch prägnanter: „*... der meinen ganzen Willen tun wird.*" Gottes „ganzer Wille" ist nichts anderes als Sein ewiger Plan! Davids Herz war, trotz seiner Fehltritte und Irrtümer, dennoch völlig auf Gottes Seite. Das hat er durch sein ganzes Leben hindurch bewiesen. Am schönsten kommt seine Haltung in Psalm 132 zum Ausdruck: „O Herr, denk an David, denk an all seine Mühe, wie er dem Herrn geschworen, dem starken Gott Jakobs gelobt hat: ‚Nicht will ich mein Zelt betreten noch mich zur Ruhe betten, nicht Schlaf den Augen gönnen noch Schlummer den

Lidern, bis ich *eine Stätte finde* für den Herrn, *eine Wohnung* für den starken Gott Jakobs" (Psalm 132,1-5). Hier ist von einem Schwur die Rede, den David geleistet hat, mit anderen Worten, er hat sich mit seinem Leben verbürgt, daß Gott, koste es ihn, was es wolle, eine Wohnung haben soll. Er wußte, daß der Herr den Berg Zion erwählt und zu Seinem Wohnsitz erkoren hatte (Psalm 123,13). Darum war seine erste offizielle Handlung, nachdem er vom Volk zum König gesalbt worden war, daß er Jerusalem eroberte und zur Hauptstadt, zum Zentrum Israels, erhob.

Doch damit nicht genug. Der Psalm spricht von Mühen, die ihm dieser Schwur gekostet habe. Während all der Jahre, da er umherzog und Beute machte, sammelte er Material für einen Tempel für Gott. Als er kurz vor seinem Tode Salomo zum Nachfolger ernannte und ihm entsprechende Anweisungen gab, zählte er ihm auf, wieviel er für den Tempelbau bereitgestellt habe. Er hatte von Gott genaue Pläne für den Tempel erhalten und bat Salomo, diesen genau so zu bauen, wie Gott es ihm gezeigt hatte. Er hoffte zeit seines Lebens, den Bau selbst ausführen zu können, aber der Prophet brachte ihm von Gott die Nachricht, daß erst sein Sohn den Tempel bauen werde, weil an seinen (Davids) Händen Blut klebe. David war bereit, auf alles, selbst auf den Schlaf, zu verzichten, damit Gott eine Wohnung bekomme, damit Gottes Bedürfnis und Wunsch gestillt werden konnten. Diese Haltung hat ihn zu einem Mann nach Gottes Herzen gemacht.

Wie steht es nun mit uns? Sind auch wir Männer oder Frauen nach dem Herzen Gottes? Sind auch wir bereit, auf alle persönlichen Dinge zu verzichten, damit Gott seine Wohnung habe? Gottes zentraler Wille für diesen Heilsabschnitt ist der Bau der Gemeinde. Sie ist eine Miniatur von Gottes ewiger Wohnung, dem himmlischen Jerusalem. Durch die Gemeinde möchte Gott den Fürsten und Gewalten Seine mannigfaltige Weisheit offenbaren. Ist uns das bewußt geworden? Hat der Heilige Geist uns die Augen für Gottes „ganzen Willen" öffnen können? Gottes ganze Aktivität, Gottes ganze Liebe, Gottes ganze Aufmerksamkeit gelten dem Bau bzw. der Wiederherstellung Seiner Gemeinde auf Erden. Denn sie ist der Leib Seines auferstandenen und erhöhten Sohnes. Sie ist der kollektive neue Mensch, sie ist das Instrument, durch das Er sich verherrlichen und ausdrücken kann. Wenn wir Menschen nach dem Herzen Gottes sein wollen, dann müssen unser ganzer Dienst, unsere ganze Hingabe an den Herrn, unsere ganze Aufmerksamkeit und Aktivität der Gemeinde, deren Aufbau und Vollendung, gelten.

Wir müssen uns angewöhnen, die Errettung des Sünders im Zusammenhang mit der Gemeinde zu sehen. Paulus schreibt an die Epheser, Christus sei „der Retter des Leibes", und mit „Leib" meint er nicht etwa unseren physischen Körper, sondern die Gemeinde. Ja, er sagt sogar, Christus habe die *Gemeinde* geliebt und sich *für sie* hingegeben. In seiner Auslegung von 1. Mose 2,24, wo er Adam und Eva mit Christus und der Gemeinde vergleicht, sagt er, Christus nähre und pflege Seine Gemeinde. Petrus bezeichnet in seinem Brief die eben zum Glauben gekommenen Geschwister als „lebendige Steine" und deutet an, daß diese „Steine" für einen Bau bestimmt sind und daß es deshalb gelte, zu dem einen, großen lebendigen Stein, zu Christus, hinzutreten und auf Ihn aufgebaut und in Ihn hineingebaut zu werden. Der Herr selbst sprach im Matthäusevangelium dieses so zentrale Wort: „Ich werde *meine Gemeinde* bauen." Und warum wies Er die Jünger an, nach Seiner Auferstehung vorläufig noch in Jerusalem zu bleiben und auf die Verheißung des Vaters zu warten? Golgatha war doch geschehen. Der Herr war bereits auferstanden. Die Grundlagen der Erlösung waren gelegt, und Menschen konnten doch in die Gemeinschaft mit Gott gerufen werden. Zudem hatte der Herr sie bereits angehaucht und ihnen Sein Auferstehungsleben mitgeteilt. Was fehlte ihnen denn noch?

Nun, was ihre Errettung betraf, fehlte ihnen persönlich nichts mehr, aber für Gott war etwas Entscheidendes noch nicht verwirklicht: das Zeugnis Gottes war noch nicht da – der Geist des auferstandenen und erhöhten Christus in der Gemeinde. Erst nach Pfingsten wurden sie zu Seinen Zeugen. Als Gemeinde verkörperten sie Ihn bis ans Ende der Welt. In ihrer Mitte wandelte von diesem Augenblick an der auferstandene Herr, durch sie bezeugte Er sich, durch sie redete Er. Der Heilige Geist kam an Pfingsten, um die vielen einzelnen wiedergeborenen Gläubigen zu einem einzigen Leibe zusammenzutaufen: zum Leib *Christi*. Nicht umsonst heißt es doch sofort nach den Ereignissen im Obergemach und im Vorhof des Tempels: „Sie verharrten in der ... Gemeinschaft ...", „sie hielten alles gemeinsam ...", „täglich waren sie beisammen ..." usw. Christus selbst in und unter Seinen Heiligen – das war und ist das Zeugnis Gottes, das ist die Verwirklichung von Gottes ewigem Plan. Der Heilige Geist ist zu keinem andern Zwecke gekommen, als die Gemeinde zu bauen. Alles, was Er tut, bezieht sich auf die Gemeinde.

Ich weiß, daß spätestens an dieser Stelle die Frage kommt: welche Gemeinde? Nun, wir werden in diesem Kapitel dem Wesen der neutestamentlichen Gemeinde nachgehen. Im nächsten Kapitel werden wir die Frage behandeln, wie das, was wir an Erkenntnissen über die Gemeinde gewonnen haben, heute, nach 2000 Jahren Kirchengeschichte, in die Praxis umgesetzt werden kann.

Ausgangspunkt der Gemeinde: die Auferstehung und Erhöhung Christi

Wer von der Gemeinde redet, muß von Christus reden, denn sie ist ganz und gar an Ihn gebunden. Nirgends sonst hat die neutestamentliche Wendung „*in Christus*" ihre Bedeutung. Alles, was die Gemeinde betrifft, muß von diesem Gesichtspunkt „in Christus" aus betrachtet und beurteilt werden, denn sie ist nach den Aussagen des Apostels Paulus Sein Leib. Christus und die Gemeinde sind so sehr eins, daß der Apostel sich nicht scheut, den Namen „Christus" auf den ganzen Leib auszudehnen. Davon werden wir noch sprechen. Eines ist hier wichtig: die Gemeinde ist nicht einfach eine Versammlung von so und so vielen Gläubigen, sie ist nicht einfach diese oder jene Form von Gemeinschaft, sie ist auch nicht diese oder jene Organisation oder Institution. Die Gemeinde ist eine geistliche Wirklichkeit; sie ist Christus selbst, die Verkörperung einer neuen Schöpfung in Christus, sie ist das Gefäß, das Werkzeug des auferstandenen Herrn selbst. Sie ist das Haus, in dem Er wohnt. Darum müssen wir, um die Gemeinde zu verstehen, zuerst begreifen lernen, was die Auferstehung und Erhöhung Christi für Gott bedeuten.

Die Existenz der neutestamentlichen Gemeinde begann mit einer gewaltigen Proklamation: „Gott hat ihn zum Herrn und Christus gemacht, diesen Jesus, den ihr gekreuzigt habt" (Apostelgeschichte 2,36). Das war nicht nur eine „gute Nachricht", ein Predigtthema usw., sondern die Enthüllung einer gewaltigen Tatsache. Zwei Dinge tauchten in der Verkündigung der Apostel nach Pfingsten immer wieder auf: die Auferstehung und die Erhöhung Christi, das heißt die Tatsache, daß dieser gekreuzigte Jesus nun „der Herr aller" ist. Von Gott her gesehen mußte Christus sterben, um den Menschen für Seinen ewigen Plan zurückzugewinnen. Er wollte alle, die an Ihn glauben würden, „in Christus hineinversetzen". Mit Ihm zusammen sollten sie eine neue Schöpfung darstellen, die von der Wirklichkeit der Auferstehung geprägt sein sollte, in der alle Dinge zurückgewonnen sein würden, die aufgrund des Sündenfalles und des Todes verlorengegangen waren.

Damit dies geschehen konnte, mußte Gott zuerst Seinen Sohn in eine Position bringen, die Ihm in Seinem Plan zukam. So wurde Christus nicht nur vom Tode auferweckt, sondern Er wurde zur Rechten Gottes erhöht. Damit Gott seinen Leib gewinnen konnte, mußte Er zuerst ein Haupt haben, von dem aus dann der ganze Leib zusammengefügt und zusammengehalten werden konnte. Auferstehung und Erhöhung waren also die Voraussetzungen dafür, daß die Gemeinde überhaupt entstehen konnte. Erhöhung bedeutet, daß Christus alle Dinge unterworfen wurden. Er erhielt alle Gewalt im Himmel und auf Erden. Sein Name ist über alle Namen. Auferstehung bedeutet einen neuen Anfang aufgrund total veränderter Bedingungen: Nicht nur war der Tod überwunden, nein, mit der Auferstehung triumphierte ein vollständig neues Leben, ein todloses, ewiges, unzerstörbares Leben. Mit dem auferstandenen Christus ist ein Leben erschienen, das die göttliche Natur enthält, dem keine Schranken gesetzt sind, das alles überwindet und aus allem ausbricht, was sich ihm entgegensetzt oder es einschränken will. Dieses Leben war immer im Sohn. Aber es war, solange Er als Mensch auf Erden lebte, auf Seine Person beschränkt. Er konnte es niemandem mitteilen. Durch die Auferstehung wurde dieses Leben frei, und aus dem Einziggeborenen wurde der „Erstgeborene vieler Brüder". Diesen Erstgeborenen in der Auferstehung hat der Vater auf den Thron erhöht und zum Herrn und Haupt über alle Dinge gemacht. Alle, die fortan an Christus glaubten, sollten dieses neue Leben, dieses Leben des Auferstandenen, empfangen, sollten mit dem Auferstandenen verbunden, in Ihn hineinversetzt werden und so einen sichtbaren Leib bilden, der vom unsichtbaren Haupt zur Rechten Gottes gelenkt und durch dessen Autorität zusammengehalten wird. Zuerst etablierte Gott gleichsam das Haupt im Himmel, und anschließend fügte Er daran einen Leib, die Gemeinde. Paulus spricht sehr klar über diese Dinge, aber wie in allen göttlichen Dingen brauchen wir eine persönliche Offenbarung von Gott, um sie wirklich zu erkennen.

Das Wesen der Gemeinde

Damit ist das Wesen der Gemeinde aber noch keineswegs deutlich geworden. Noch fehlt der unmittelbare Bezug zu uns, die wir an Christus glauben. Inwiefern sind wir die Gemeinde Jesu Christi? In welcher Beziehung stehen wir zu den Tatsachen im Himmel, von denen wir gerade gesprochen haben? Hier stoßen wir auf die Mission des Heiligen Geistes und auf die entscheidende Bedeutung von Apostelgeschichte 2. Petrus kommentierte das Pfingstgeschehen mit folgenden Worten: „Nachdem er durch die rechte Hand Gottes erhöht worden war und vom Vater den verheißenen Heiligen Geist empfangen hatte, hat er ihn ausgegossen, wie ihr seht und hört" (Vers 33). In Römer 8 wird der Heilige Geist auch „der Geist Christi" genannt (Vers 9b). Dort weist Paulus genau auf das hin, was an Pfingsten effektiv geschah. Wann immer im Neuen Testament der Titel „Christus" gebraucht wird, ist vom „erhöhten Christus zur Rechten Gottes" die Rede. Es ist nicht gleichgültig, wie wir von unserem Herrn sprechen. Jesus ist der persönliche Eigenname unseres Herrn in Seiner Erniedrigung. Wann immer von Jesus gesprochen wird, wird auf Sein Menschsein, auf Sein Erdenleben Bezug genommen. Sobald aber der Name „Christus" verwendet wird, wird von Seiner Erhöhung gesprochen. Die Tatsache, daß wir nicht „Jesuaner", sondern „Christen" genannt werden, hängt mit diesem Sachverhalt zusammen.

Was sagt nun Petrus am Pfingsttag aus? Der Heilige Geist, der an diesem Tag über die versammelten Gläubigen ausgegossen wurde, kam direkt vom erhöhten Christus, vom Thron Gottes hernieder und verteilte sich auf die hundertzwanzig Anwesenden. Mit anderen Worten: der, der da h+erniederkam, war kein anderer als der Geist des erhöhten Christus selbst, der nun die 120 buchstäblich in die Wirklichkeit des erhöhten Christus hineintaufte, sie in Seine Erhöhung miteinbezog, sie mit Ihm zu einem einzigen Organismus zusammenfügte. Ist Ihnen schon einmal aufgefallen, daß nie von der zahlenmäßigen Größe der Gemeinde gesprochen wird? Es werden nur die gezählt, die „hinzugefügt" wurden. Zu was wurde hinzugefügt? Zu der einen Gemeinde! Die Gemeinde ist von allem Anfang an der sichtbare *eine* Leib des erhöhten Christus. Und dieser Leib ist das Werk und das Ergebnis des Heiligen Geistes. Wenn Petrus hinzufügt: „Wie ihr seht und hört", dann meint er nicht das Zungenreden oder das Rauschen des daherbrausenden Windes. Er spricht von der in Erscheinung tretenden Gemeinde in der Kraft des auferstandenen und erhöhten Christus. Was gab es zu hören? „Mit großer Kraft legten die Apostel Zeugnis ab von der Auferstehung." Was gab es zu sehen? „Sie waren täglich beisammen ... sie hielten alles gemeinsam ..."

Was also geschah an Pfingsten? Der Heilige Geist brachte alles, was Christus zur Rechten war; alles, was Er durch Tod, Auferstehung und Erhöhung gewonnen hatte, Seine ganze Glorie, Macht, Kraft und Autorität auf die Erde hernieder und deponierte es als geistliche Wirklichkeit in Seiner Gemeinde. Das Wesen der neutestamentlichen Gemeinde ist die Wirklichkeit des auferstandenen und erhöhten Herrn! „Christus in euch, die Hoffnung der Herrlichkeit." Das meinte Jesus auch in Seiner Abschiedsrede, als Er vom Heiligen Geist sagte: „Von den Meinigen wird er es nehmen und euch verkündigen." Durch den ausgegossenen Geist kam der erhöhte Herr persönlich und machte die Schar der Gläubigen zu Seiner Wohnung, zu Seinem Tempel, Seinem Leib. In ihr lebt Er, in ihr herrscht Er, in ihr triumphiert Er. Durch den Heiligen Geist ist die Gemeinde von

Ihm erfüllt, von Ihm durchdrungen; durch den Heiligen Geist nimmt Christus mehr und mehr unter den Gläubigen „Gestalt" an.

Mit dem Bau der Gemeinde ist nicht nur die zahlenmäßige Vermehrung der Gemeinde gemeint. Vielmehr müssen die Gläubigen immer deutlicher die Gesetzmäßigkeiten des Leibes Christi zum Ausdruck bringen; sie sollen zum „vollen Mannesalter" gelangen, zur „ganzen Fülle Christi", wie Paulus im Epheserbrief schreibt: „So sollen wir alle zur Einheit im Glauben und in der Erkenntnis des Sohnes Gottes gelangen, damit wir zum vollkommenen Menschen werden (Einzahl!) und Christus in seiner vollendeten Gestalt darstellen!" (Epheser 4,13). Die Gemeinde soll durch den Heiligen Geist zur Größe, zur Vollgestalt Christi heranwachsen oder, nach 1. Korinther 13, zum „erwachsenen Mann".

Christus also ist das Wesen der Gemeinde durch den Heiligen Geist. Er ist ihr Inhalt, Er ist ihre Gestalt, Er ist ihre Fülle, und sie ihrerseits ist wiederum Seine Fülle! Es ist wunderbar, wenn Gott uns in dieses Geheimnis einweiht! Wir begreifen, wenn Paulus immer wieder in Lobpreis und überschwengliche Worte ausbricht, wenn er von diesen Dingen redet. Möge der Herr uns die Augen und die Herzen öffnen, damit wir geistlich sehend werden!

Die Position der Gemeinde

Im Epheserbrief erreicht die Offenbarung des Geheimnisses Gottes ihren Höhepunkt. Hier schenkt uns der Apostel Paulus die tiefsten Einblicke in den Ratschluß Gottes hinsichtlich der Gemeinde. Das Besondere an diesem Brief ist, daß er uns die Gemeinde von ihrer geistlichen, himmlischen und ewigen Seite her zeigt. Nur kurz redet Paulus darin von unserer Errettung. Von Anfang an sieht er die Gemeinde in ihrer Stellung im ewigen Plan Gottes. Sie befindet sich in der Sicht des

Apostels nicht auf der Erde, sondern „im Himmel", in „himmlischen Regionen" oder „in himmlischen Örtern". Es ist eine der wunderbaren Erkenntnisse, die Gott diesem Apostel geschenkt hat, daß wir nicht nur mit Christus gekreuzigt und begraben, sondern auch mit Ihm lebendig gemacht und in die himmlischen Örter versetzt worden sind: „(Gott) hat uns mit dem Christus lebendig gemacht ... und uns mit auferweckt und mitsitzen lassen (mitversetzt) in den himmlischen Örtern in Christus Jesus ..." (Epheser 2,5-6).

Schon am Anfang des Briefes hebt er uns auf diese göttliche Ebene empor: „Gepriesen sei der Gott und Vater unseres Herrn Jesus Christus, der uns gesegnet hat mit jeder geistlichen Segnung in den himmlischen Örtern in Christus ..." Diese letzten Worte sind tatsächlich als Ortsangabe gemeint, und sie könnten als Motto und Wesensbestimmung des ganzen Briefes gelten: „*... in den himmlischen Örtern in Christus.*" Diese Worte umschreiben die Position der neutestamentlichen Gemeinde. Seit wir gerettet sind, sind wir in Christus, und mit Christus zusammen befinden wir uns in den himmlischen Örtern. Um jedoch den ganzen Umfang dieser Aussage erkennen zu können, müssen wir noch ein weiteres Wort dieses Briefes herbeiziehen: „Er hat beschlossen, die Fülle der Zeiten heraufzuführen, in Christus alles zu vereinen (unter ein Haupt zusammenzufassen), alles, was im Himmel und auf Erden ist ..." (Epheser 1,10). Gott hat seit jeher auf ein ganz bestimmtes Ziel hingearbeitet, das Er „in der Fülle der Zeiten" herbeiführen wollte. Paulus sagt hier nichts Geringeres, als daß die Gemeinde die Vereinigung von Himmel und Erde in Christus darstelle.

Ich glaube kaum, daß wir die ganze Tragweite dieser Eröffnung erkannt haben. Mit anderen Worten heißt das, daß sich Himmel und Erde in der Gemeinde treffen, daß die Gemeinde im Himmel und der Himmel in der Gemeinde ist! Was für eine kühne Aussage! Der

Himmel ist also nicht der astronomische Raum über unsern Häuptern. Vielmehr gilt das, was schon Jakob empfand, als er auf seiner Flucht jene merkwürdige Traumoffenbarung von der Himmelsleiter hatte und beim Aufwachen erschrocken ausrief: „Wie ehrfurchtgebietend ist doch dieser Ort! Hier ist nichts anderes als das Haus Gottes und *das Tor des Himmels!*" (1. Mose 28,17).

Aufgrund dieser Einsicht des Apostels Paulus in das Wesen der Gemeinde müssen wir sagen, daß die Gemeinde eine himmlische Größe ist und daß, wenn die Gemeinde sich versammelt, der ganze Himmel in ihr gegenwärtig ist. Aber diese Aussage beinhaltet noch mehr. Wenn wir uns mit Christus in himmlischen Örtern befinden (die Elberfelder Bibel deutet an, daß Gott uns mit Christus habe in den himmlischen Örtern *sitzen* lassen – was besagt, daß wir mit Christus auf Seinem Thron Platz genommen haben), dann liegt alles, was mit dem Feind, der Welt und der Sünde zu tun hat, unter unseren Füßen. Im Römerbrief tröstet Paulus die Gläubigen mit den Worten, Gott werde in Kürze Satan unter ihren Füßen zertreten. Hier kommt der gleiche Sachverhalt zum Vorschein. Dadurch, daß wir Christus hinzugefügt worden und folglich „in Christus in himmlischen Örtern" sind, haben wir durch den Heiligen Geist Anteil am Triumph und an der Herrschaft Christi über alle Mächte der Bosheit und der Finsternis. Was für ein Evangelium! Spüren wir ein wenig, warum die Gemeinde wiederhergestellt werden muß? Gott braucht die Gemeinde, um Seinen Gegenspieler endgültig zu unterwerfen! Es ist wichtig, daß wir die Position der Gemeinde klar ins Auge fassen. Wenn wir sie so sehen, verstehen wir, warum der Herr von ihr sagen konnte: „... und die Pforten des Hades werden sie nicht überwältigen!"

Wenn heute von der Gemeinde gesprochen wird, so denken die meisten an eine bestimmte Gemeinschaft oder Kirche oder, falls die Gesamtgemeinde ins Auge gefaßt wird, an alle lebenden Gläubigen auf Erden. Das ist aber keineswegs die Sicht der Apostel im Neuen Testament. Im Hebräerbrief (12,22) wird umrißhaft eine Gemeinde sichtbar, die alle Zeitalter umfaßt, eine Gemeinde, die alle Bereiche der Erlösung einschließt und repräsentiert: „Ihr seid vielmehr zum Berg Zion hingetreten, zur Stadt des lebendigen Gottes, dem himmlischen Jerusalem, zu Tausenden von Engeln, zu einer festlichen Versammlung und zur Gemeinschaft der Erstgeborenen, die im Himmel verzeichnet sind; zu Gott, dem Richter aller, *zu den Geistern der schon vollendeten Gerechten …*“

Viele Gläubige scheinen zu vergessen, daß die Gemeinde auch alle jene einschließt, die bereits vor uns geglaubt haben und nun beim Herrn in der unsichtbaren Welt sind. Ja, dieser Teil des Leibes Christi, der Gemeinde, ist sogar viel größer, viel zahlreicher als der jetzt lebende Teil. Aber es ist noch nicht alles gesagt. Der Schreiber des Hebräerbriefes hat gerade in den vorausgehenden Versen ein ganzes Kapitel lang Glaubensmänner des Alten Bundes aufgezählt. Wenn er nun im 12. Kapitel von den Geistern der vollendeten Gerechten spricht, dann denkt er nicht nur an die wenigen bereits verstorbenen Christen, sondern vielmehr an die vielen Gerechten des Alten Bundes, die alle auf Christus gehofft und aufgrund der alttestamentlichen Bedingungen von Gott als gerecht erklärt worden waren. Sie alle sind einbezogen in diese Körperschaft, die Gemeinde genannt wird. Sie alle sind Teil des Leibes Christi, sie alle wurden mit Christus in himmlische Örter versetzt und sind Bestandteil der himmlischen Wirklichkeit, die sich in der Gemeinde verkörpert.

Wenn wir nun noch einmal zu der Frage zurückkehren, die wir eingangs gestellt haben, „Welche Gemeinde?", dann können wir schon jetzt eine recht eindeutige Antwort geben: diejenige, die Christus in allen Heiligen aller Zeitalter verkörpert. Es ist der Leib Christi, der alle Zeitalter umspannt. Zu dieser Gemeinde gehören wir, zu dieser Gemeinde bekennen wir uns, diese Gemeinde suchen wir darzustellen und zu repräsentieren. Es geht uns keineswegs um eine bestimmte Lehre, um irgendeine besondere Erfahrung, um bestimmte Persönlichkeiten oder Werke. Wenn wir von der Gemeinde reden, dann meinen wir immer nur ein und dasselbe: Wir sprechen vom Leib des erhöhten Christus aller Zeitalter, wie ihn der Heilige Geist zu formen und zu vollenden gekommen ist. Möge der Herr uns helfen, daß wir Ihm und Seiner Gemeinde treu bleiben!

Die Einschließlichkeit der Gemeinde

Um das Wesen der Gemeinde noch genauer zu erfassen, müssen wir noch einen weiteren Aspekt in den Blick bekommen. Nicht nur zeitlich sprengt die Gemeinde jeden vorstellbaren Rahmen. Auch inhaltlich geht sie über alles hinaus, was, historisch gesehen, heute Kirche oder Gemeinde genannt wird. Jede heutige sogenannte „Gemeinde" repräsentiert einen bestimmten Aspekt christlicher Wahrheit oder Erfahrung. Einige entstanden durch eine bestimmte Lehre, andere wiederum durch starke und prägende Persönlichkeiten. Wieder andere bildeten sich, indem sie sich von bestehenden Gemeinschaften absonderten, weil sie aus irgendeinem Grund nicht mehr mit ihrer Lehre einverstanden waren.

Wenn wir der Wahrheit die Ehre geben wollen, müssen wir bekennen, daß diese alle nicht das sind, was das Neue Testament Gemeinde nennt. Eine Versammlung von Christen ist noch keine Gemeinde. Regelmäßige

Gottesdienste und sakrale Handlungen wie Taufe und Mahl des Herrn sind noch keine Gemeinde. Die Gemeinde umfaßt nicht nur alle Zeitalter, sondern sie enthält und verkörpert auch alles, was in allen Generationen und auf allen Kontinenten je von Christus war und durch den Heiligen Geist vermittelt wurde.

Wenn wir also heute nach der Gemeinde fragen, dann müssen wir auf dies eine achten: Verkörpert das, was wir Gemeinde nennen, alles, was in allen Jahrhunderten seit Christi Geburt irgendwo auf der Welt von Gott kam? Schließt diese Gemeinschaft alle Dienste ein, die Gott je der Gemeinde zu ihrem Aufbau gegeben hat? Umfaßt sie alle Erkenntnisse, alle Erfahrungen, zu denen Männer und Frauen seit den Tagen der Apostel geführt wurden? Es ist so leicht, sich heute aus irgendeinem Grund abzusondern, sich um eine bestimmte Lehre zu scharen, bestimmten Erfahrungen nachzuhängen und das Ganze mit dem Namen „Gemeinde" zu bezeichnen. Aber ist es wirklich die Gemeinde, von der der Apostel spricht? Ist es Christus *alles und in allen?* Verkörpert sie wirklich die Fülle Christi oder doch nur einen kleinen Teilaspekt der Wahrheit? Die Gemeinde schließt alles ein: „Alles ist euer: Paulus, Apollos, Kephas, Welt, Leben, Tod, Gegenwart und Zukunft: alles gehört euch ..." (1. Korinther 3,22).

Es gab schon in der ersten Zeit Tendenzen, die die Gemeinde zu zersplittern drohten; ein Apostel wurde gegen den anderen ausgespielt, man wollte sich mit einem begnügen und die andern ausklammern; aber Paulus korrigierte sie: „Das geht nicht! Ihr müßt alle Brüder annehmen: Sie gehören alle euch. Jeder hat einen vom Herrn bestimmten Dienst, um euch als Gemeinde aufzubauen. Wenn ihr einen verachtet und ausschließt, zerstört ihr die Gemeinde!" Welch ernste Worte! Was würde wohl Paulus sagen, wenn er heute unter uns sein könnte?

Diese Erkenntnis ist grundlegend: die Gemeinde des Neuen Testaments schließt alles ein, was Gott der Gemeinde je gegeben hat: alle Erfahrungen, alle Lehren, alle Bewegungen, alle Dienste, alle Gaben und Kräfte, alle Erkenntnisse. Sie schließt nur das aus, was nichts mit Christus zu tun hat und nicht von Gott stammt. Das aber radikal. Der Herr schenke uns ein weites Herz!

Die Einheit der Gemeinde

Am Beispiel von Korinth demonstriert uns Paulus die wunderbare Wahrheit von der Einheit und Unteilbarkeit der Gemeinde. Wenn Christus als lebendiger und erhöhter Herr das Wesen der Gemeinde ist, dann kann die Gemeinde unmöglich aufgeteilt, in verschiedene Sektoren oder Gruppen getrennt werden. Christus kann nicht geteilt werden. Menschliche Einheiten können zerfallen; Kirchen und Gemeinschaften können sich spalten. Die Gemeinde aber ist eins und bleibt eins: denn es ist ein einziges Leben, das alle Gläubigen, die wirklich von Gott geboren sind, erfüllt und zusammenfügt: das Leben Christi durch den Heiligen Geist. *„Christus alles und in allen"*, das ist die kürzeste Definition der Gemeinde. Paulus sagt, wir benötigen „alle Heiligen", um alle Dimensionen des auferstandenen Herrn zu erkennen (vgl. Epheser 3,17-19). Die Gemeinde kann sich also nie auf eine bestimmte Lehre gründen. Ihr Wesen und ihre Einheit ist der auferstandene Herr und nicht eine Lehre. Es können auch nicht bestimmte Interessen und biblische Anliegen sein. Wir benötigen alle Heiligen, um die Liebe Christi zu erkennen, und wenn wir die Gemeinde repräsentieren wollen, von der die Apostel sprechen, dann müssen wir uns auf den Grund dieser Einheit, der Einheit Christi, der Einheit des Heiligen Geistes in allen Gläubigen stellen, und wir müssen uns vergewissern, daß wir so offen sind und alle annehmen, die Christus angenommen hat, ohne Unterschied, ohne Ansehen der Person. Das Leben kommt vor der Lehre, die Liebe vor der Dogmatik. Wir werden im nächsten Kapitel konkret darauf eingehen, wie diese Gemeinde heute praktisch dargestellt und gelebt werden kann. Vorerst genügt es einzusehen, daß die Einheit und Einschließlichkeit der Gemeinde eine Grundvoraussetzung für die geistliche Wirklichkeit neutestamentlichen Gemeindelebens ist. Viele werden sich an dieser Aussage stoßen, weil sie in ihre eigenen Konzepte von Gemeinde und Gemeinschaft vernarrt sind. Wir kämpfen nicht gegen sie. Uns geht es einzig und allein um die geistliche Wirklichkeit der Gemeinde der Apostel und Propheten des Neuen Testaments.

Die Gemeinde in der Wiederherstellung
1. Teil

Der gemeinschaftliche Christus

In 1. Korinther 12,12 berührt Paulus etwas, das für viele anstößig klingen muß, wenn man versucht, es in Worten unserer Sprache zu umschreiben. Trotzdem ist es wichtig, den Apostel gerade in diesem Punkt zu verstehen, weil man sonst nie einsehen wird, warum die Gemeinde wiederhergestellt werden muß und weshalb das, was wir heute unter Gemeinde oder Kirche verstehen, eben nichts mit der Gemeinde des Neuen Testamentes zu tun hat. Wir haben bereits früher darauf aufmerksam gemacht, daß es Paulus war, dem die Gemeinde als „Leib Christi" geoffenbart wurde. Für ihn war sie der sichtbare Leib des unsichtbaren Herrn. Wenn Paulus von der Gemeinde sprach, dann sprach er von Christus, weil diese beiden Begriffe sich nicht voneinander trennen ließen. Christus und die Gemeinde waren für ihn eine einzige Wirklichkeit, die Verkörperung einer neuen Schöpfung. Die einzelnen Gläubigen waren nicht Mitglieder verschiedener Versammlungen oder Kirchen, sondern zusammenhängende Glieder eines einzigen Leibes; sie waren Glieder Christi, denn sie wurden zu Ihm hinzugefügt, in Ihn hineinversetzt. Dadurch, daß sie mit Ihm gekreuzigt und auferweckt worden waren, wurden sie „ein Geist mit ihm". Auch wenn im Neuen Testament vorwiegend das Wort „Gemeinde" (ekklesia) verwendet wird, so dürfen wir diesen Begriff doch nie von der Wirklichkeit loslösen, für die er gebraucht wird: von der Wirklichkeit des Leibes Christi!

In unserem Sprachgebrauch ist die Gemeinde irgendeine Institution, irgendeine Form christlicher Gemeinschaft, eine Summe von Menschen, die an Christus glauben und sich regelmäßig versammeln. Wenn wir von der Gemeinde reden, denken wir sofort an eine bestimmte Zahl von Menschen, die sich aufgrund irgendeiner Übereinkunft zu einer christlichen Körperschaft zusammengeschlossen haben. Der Grad der Organisiertheit spielt dabei eine untergeordnete Rolle. Jedenfalls gibt es so viele verschiedene Gemeindeverständnisse, wie es christliche Glaubensweisen gibt, denn jede Gruppe mit einer neuen Glaubensweise fühlt sich berechtigt, die ihr gemäße Gemeinschaftsform zu entwikkeln und zu vertreten. Wenn Paulus hingegen von der Gemeinde redete, dachte er an Christus. Er konnte sich die Gemeinde gar nicht anders vorstellen denn als eine Verkörperung Christi. Immer wieder machte er die Gläubigen darauf aufmerksam, daß sie Glieder voneinander seien, daß sie um Christi willen aufeinander Rücksicht zu nehmen hätten, daß das Verhalten eines Einzelgliedes alle Glieder mitbetreffe.

Unzählige Male weist das Wörtchen „einander" auf diese Wirklichkeit des Leibes hin. „Ihr aber seid der Leib Christi, und jeder einzelne ist ein Glied an ihm", schreibt Paulus an die Korinther. Damit wird deutlich, daß dieser Leib für ihn nicht etwas Mystisches, Abstraktes, Weltfremdes war. Bei Paulus gab es noch keinen „mystischen Leib Christi", auf den sich alle berufen und trotzdem ihre eigenen Wege gehen konnten. Mit dem Leib Christi meinte er die konkrete Gemeinde in Korinth mit ihren Stärken und Schwächen, mit ihren Vorzügen und Fehlern, mit ihren Wahrheiten und Irrtümern. Diese konkrete örtliche Gemeinde in der Hafenstadt Korinth nannte er „Leib Christi". Dieser Leib war also etwas Sichtbares, er hatte eine bestimmte Kontur, er hatte seine ihm eigene Existenzweise, er lebte und bewegte sich aufgrund von ihm innewohnenden Gesetzmäßigkeiten. Dieser Leib war die Gemeinde in Korinth. Bevor wir diese äußere, sichtbare Gestalt des Leibes Christi weiterverfolgen, wollen wir noch näher ins Auge fassen, was Paulus mit dem Begriff „Leib Christi" letztlich meinte.

Kehren wir zu 1. Korinther 12,12 zurück: „Denn wie der Leib eine Einheit ist, doch viele Glieder hat, alle Glieder des Leibes aber, obgleich es viele sind, einen einzigen Leib bilden: *so ist es auch mit Christus.*" Die letzte Wendung lautet nach dem griechischen Urtext noch genauer so: „... also auch der Christus!" Es ist erstaunlich, wie wenig Bibelleser sich über diesen Vers Gedanken machen. Dabei steht hier etwas, was uns die Sprache verschlagen müßte! Man bekommt fast den Eindruck, daß zwar heutzutage noch recht viele in der Bibel lesen, daß aber die wenigsten über das nachdenken, was sie gelesen haben. Oberste Norm für die Schriftauslegung ist nicht die Schrift selbst, sondern das „allgemeine Verständnis" bibeltreuer Kreise; das, was diese oder jene Stelle gemäß unserer Erkenntnis auszusagen hat. Anders kann ich mir nicht erklären, warum man hier nicht schon längst Alarm geschlagen hat. Entweder ist Paulus hier eindeutig zu weit gegangen, oder aber wir nehmen die Schrift nicht mehr ernst. Denn was hier steht, ist buchstäblich haarsträubend! So wie der Leib, der menschliche Körper, aus vielen Gliedern besteht, wobei diese vielen Glieder trotzdem nur einen einzigen Leib bilden, *so ist der Christus!*

Gewöhnlich lesen wir da etwas hinein, das gar nicht hier steht. Die meisten Bibelausleger helfen sich so: Paulus meint hier selbstverständlich: so verhält es sich gleichnishaft mit Christus und der Gemeinde. Meint er das wirklich? Warum hat er es dann nicht so gesagt? Paulus spricht in diesem Vers gar nicht von der Gemein-

de! Das Wort „Gemeinde" kommt hier gar nicht vor! Ist
es eine Nachlässigkeit? Ist es ein Fehler im Text? Müssen
wir „und die Gemeinde" einfach ergänzen, damit der
Satz überhaupt sinnvoll ist? Nein. Paulus hat sich nicht
geirrt; was er hier schrieb, schrieb er völlig bewußt:
„... also auch der Christus"! Paulus spricht hier von einem gemeinschaftlichen Christus, der wie der menschliche Körper aus vielen einzelnen Gliedern besteht, die
zusammen trotzdem nur *einen* Leib bilden. Und das
Ganze nennt er: „der Christus". Ich weiß, daß viele hier
kopfschüttelnd stehenbleiben. Denn wenn das wahr ist,
dann stimmt ihre Theologie nicht mehr. Dieses Wort
von einem „gemeinschaftlichen" Christus paßt nicht in
ihre Dogmatik, er ist darin nicht vorgesehen. Wir haben
gelernt, daß Christus das Haupt ist und die Gemeinde
der Leib. Das kann man verstehen. Christus ist im Himmel, die Gemeinde auf Erden. Christus ist unsichtbar,
die Gemeinde ist sichtbar. Das Haupt ist vollkommen,
der Leib mangelhaft. Nun aber sagt der Apostel klar,
dieser Leib, der aus vielen Gliedern besteht, sei „der
Christus". An einer andern Stelle nennt er die Gläubigen „Glieder Christi", und in noch viel umfassenderer
Weise umschreibt er das Wesen der Gemeinde mit folgenden Worten: „Christus alles und in allen."

An allen diesen Stellen spricht er von derselben Wirk-
lichkeit: Christus und die Gemeinde sind eine einzige
Wirklichkeit! Der Leib ist nicht ein Anhängsel von
Christus, sondern er verkörpert Christus, er bringt
Christus, und zwar den ganzen Christus, zum Ausdruck, er enthält Christus. Christus als das Haupt über
alles ist die Realität dieses Leibes, der Gemeinde. In der
Gemeinde, im Leib Christi, lebt und handelt und spricht
Christus selbst. Mit anderen Worten: die Gemeinde des
Neuen Testaments ist aufgrund dieser Aussagen nichts
anderes als der gemeinschaftliche Christus – Christus
durch den Heiligen Geist in allen Heiligen. Dieser innewohnende Christus ist ihr Wesen, ihre Gestalt, ihre Ein-

heit, ihre Wahrheit, ihre Wirklichkeit, ihr alles! Und dieser Christus ist in allen! Von diesem Leib als dem gemeinschaftlichen Christus müssen wir ausgehen, wenn wir verstehen wollen, wie die Gemeinde wiederhergestellt werden soll.

Der Fall der Gemeinde

Es ist ganz offensichtlich, daß ein tiefes, inwendiges Werk des Heiligen Geistes notwendig ist, um die Wirklichkeit der neutestamentlichen Gemeinde erkennen zu können. Es geht uns hier nicht darum, die Dinge einfach verständlich zu machen. Selbst wenn sie uns intellektuell einleuchten, heißt das noch nicht, daß wir ihre innere geistliche Realität berührt haben. Es gibt heute bereits viele, die vom „bösen christlichen System" sprechen, die Begriffe wie „Ortsgemeinde" und „Wiederherstellung" im Munde führen und trotzdem keine Ahnung haben, wovon sie reden. Wie Pilze schießen die Bewegungen aus dem Boden, die behaupten, das Rezept der Urgemeinde wiederentdeckt zu haben, zu wissen, wie man es machen muß, um die Gemeinde wieder so zu haben „wie am Anfang". Die Tatsache aber, daß jeder wieder von etwas anderem redet, beweist aufs deutlichste, daß die wenigsten wirklich wissen, um was es geht.

Wie wir schon mehrmals gesehen haben, benötigen wir eine Offenbarung, wenn wir die Dinge im Lichte Gottes erkennen wollen. Ohne Offenbarung sind wir geistlich blind, ganz gleich, wie viele Begriffe wir in die Welt setzen und wie sehr wir uns für sie einsetzen mögen. Gott möchte sehr wohl, daß wir für Ihn eifern, aber Er will keinen blinden Eifer. Wer nicht an dem tiefen Fall der christlichen Gemeinde gelitten hat und daran verzweifelt ist, weiß nicht, was es bedeutet, den Weg der Wiederherstellung zu beschreiten. Alles, was von Gott stammt, muß geboren werden. Dabei geht es nicht um richtig oder falsch, sondern um Leben oder Tod.

121

(Das heißt: nur weil etwas in unseren Augen nicht richtig ist, haben wir kein Recht, es zu verurteilen und zu verlassen. Erst wenn es für uns zu einer Frage von Leben oder Tod wird, können wir uns von Gott nach Seinem Willen führen lassen.) Wenn wir eine Bewegung oder eine sogenannte „Gemeinde" beurteilen wollen, sollten wir immer sehr genau danach fragen, wie die Sache entstanden ist. Ist sie geboren worden, oder hat man sie „gemacht" (gewaltsam erzwungen), hergestellt, gegründet? Das konkrete Vorgehen und Verhalten von Gruppen und Bewegungen spricht meistens eine deutlichere Sprache als das, was sie zu erkennen vorgeben. Jedes Wirken Gottes in unserem Leben und im Leben der ganzen Gemeinde beginnt mit einer persönlichen Offenbarung, einem tiefen, inneren Gewahrwerden des Willens Gottes, einem inneren Aufschließen von geistlichen Wirklichkeiten und Bereichen, für die wir bisher blind gewesen sind. Wie bei einer physischen Schwangerschaft das neue Wesen, das geboren werden soll, so nehmen diese inneren Offenbarungen allmählich Gestalt an und führen zu einer Krise, in der sich das, was geboren werden soll, mit dem, worin es gezeugt worden ist, nicht mehr verträgt und ausgestoßen wird. Aber bis es soweit ist, muß ein oft beschwerlicher und schmerzhafter Weg zurückgelegt werden. Das Neue Testament spricht von der Bangigkeit, die die Frau überfällt, wenn „ihre Stunde gekommen ist", und nicht umsonst braucht die Schrift das Wort „Wehen" im Zusammenhang mit dem Tod: „die Wehen des Todes". Paulus selbst leidet „Geburtswehen", bis Christus endlich in den Galatern Gestalt gewinnt! Das alles ist Bestandteil des Wirkens Gottes, und jeder, der von Gott eine Offenbarung hinsichtlich Seiner Gemeinde empfangen hat, weiß, wovon ich hier schreibe.

Bevor wir von der Wiederherstellung der Gemeinde sprechen können, müssen wir ihren *Fall* betrachten. Schon im Neuen Testament wird die Möglichkeit eines solchen Falles angedeutet, und zwar nicht dort, wo ihn die meisten erwarten werden, nämlich im Bereich der Lehre, sondern an zwei Stellen, bei denen wir wiederum die Erleuchtung des Heiligen Geistes brauchen, um sie zu verstehen. Nehmen wir zuerst die Stelle in der Offenbarung: „Bedenke, aus welcher Höhe du gefallen bist!" (Offenbarung 2,5). Dies wurde der Gemeinde in Ephesus gesagt. Auch wenn es nicht eindeutig feststeht, daß der Epheserbrief und das Sendschreiben an die Gemeinde in Ephesus an ein und dieselbe Gemeinde gerichtet sind, so wird doch in beiden Schreiben von derselben Wirklichkeit der Gemeinde gesprochen. Im Epheserbrief wird die Gemeinde „in himmlischen Örtern" in Christus gesehen und beschrieben. Sie befindet sich stellungsmäßig auf derselben Höhe mit dem erhöhten Christus, wurde sie doch „mit ihm auferweckt und mitversetzt in himmlische Örter in Christus". Ja, sie wird in ihrer Einheit mit dem erhöhten Christus geschildert, wobei die Gemeinde wie Eva im Blick auf Adam „von seinem Fleisch und von seinem Gebein" dargestellt wird. Im Sendschreiben an Ephesus ist von der „ersten Liebe" die Rede und davon, daß die Gemeinde die erste Liebe aufgegeben habe. Die Höhe, von der sie angeblich gefallen ist, ist die Höhe der ersten Liebe! Was anderes kann damit gemeint sein als die Einheit, die völlige Identität der Gemeinde mit ihrem Herrn im Himmel, die Ausschließlichkeit, mit der sie Ihm gehörte, Ihn zum Ausdruck brachte, sich in Ihm wußte und sich in allem nach Ihm richtete.

Christus und die Gemeinde sind hier absolut eins, unzertrennlich, die Gemeinde geht ganz in der Erfahrung des auferstandenen und gegenwärtigen Herrn auf. Die innere Realität und Gegenwart Christi prägt sie vollständig, sie wird von Ihm gelenkt und zusammengehalten, ihre Einheit ist Seine Person, ihre Autorität ist Seine Autorität, ihr Sinn ist Sein Sinn, ihre Heiligkeit ist Seine Heiligkeit, sie hat keine eigene. Merkwürdig ist, daß die Gemeinde in Ephesus im Vergleich zu den übrigen Sendschreiben noch so gut wegkommt. Die wenigsten Gemeinden heute können das von sich sagen, was über die Gemeinde in Ephesus gesagt wird. Äußerlich gesehen, ist sie völlig intakt; sie ist eine Mustergemeinde, besser könnte sie gar nicht sein. Dennoch ist sie eine gefallene Gemeinde. Ihr Fall bestand nicht in einer äußerlichen Abweichung, etwa im Bereich der Lehre oder der Moral. Hier war alles in Ordnung, sogar gut bis sehr gut! Nein. In ihrem Inneren hat sich etwas verändert. Sie hatte sich innerlich von der geistlichen Wirklichkeit der Gemeinde gelöst. Sie orientierte sich nicht mehr an Christus selbst; es ging ihr nicht mehr darum, daß Christus in ihr Gestalt gewann. Sie hatte ihre eigene Gestalt gewonnen. Sie war nicht mehr Leib Christi, sondern nur noch eine neben anderen „Gemeinden". Sie hatte ihre himmlische Wirklichkeit und damit auch ihre himmlische Stellung verloren und war zu einer irdischen Gemeinschaft geworden, wenn auch zu einer sehr guten und vorbildlichen.

Wie gesagt, nach außen hin hatte sich nichts verändert. Alles lief wie vorher. Aber der, der unter den sieben Leuchtern wandelte, hatte die Veränderung wahrgenommen. Und diese war so gravierend, daß Er ihr drohte, ihren Leuchter (ihr Zeugnis von Christus) umzustoßen! Eine Gemeinde, die nicht mehr Christus repräsentiert und verkörpert, die nicht mehr den erhöhten Christus darstellt, hat in den Augen Gottes ihre Funktion verloren, ist gefallen, ist zu einer rein irdischen, menschlichen Körperschaft herabgesunken, zu einer unter vielen andern.

Hier liegt der entscheidende Ursprung aller Abweichungen und Entartungen, aller Spaltungen und Trennungen, der Ursprung all der vielen Kirchen und Denominationen und Bekenntnisse des Christentums. Wie gesagt, es sind nicht Lehrfragen, die den Fall verursachten. Es ist der Verlust der geistlichen Wirklichkeit der

Gemeinde – „Christus alles und in allen" –, der zum Zerfall und zur Zersplitterung der Gemeinde führte. Aus der einen himmlischen Gemeinde wurden irdische Versammlungen. In dem Maße, wie man sich von der geistlichen Wirklichkeit entfernte, war ein irdisches „Gemeindeverständnis", waren Organisation und Planung notwendig, um die Gemeinschaft unter den Gläubigen zu erhalten. Wo die Gemeinde nicht mehr aus dem auferstandenen und erhöhten Christus lebt und durch das Gesetz des Geistes des Lebens zusammengehalten und aufgebaut wird, muß der Mensch ihr von außen eine Form und Gestalt geben, so, wie er es sich eben vorstellt. Und so beginnt die Trennung. Nicht jeder stellt sich die Gemeinde gleich vor! Mehr und mehr wurden die Gläubigen an die apostolischen Dienste gefesselt, durch die sie zum Glauben gekommen waren. So wurden bald Lehrfragen einzelner maßgebender Führer zum Unterscheidungsmerkmal kirchlicher Gemeinschaft, und die Basis zum heutigen Denominationalismus war gelegt. Aber wie gesagt, angefangen hat es nicht mit Lehrdifferenzen, sondern damit, daß der Gemeinde ihre himmlische Sicht, ihre himmlische Berufung, ihre himmlische Wirklichkeit – Christus selbst in himmlischen Örtern und ihre Vereinigung mit Ihm – verlorenging.

Derselbe Vorgang, wie wir ihn eben geschildert haben, kann sich jederzeit wiederholen und hat sich auch im Laufe der Kirchengeschichte oft wiederholt. Es kann auch heute geschehen, daß irgendwo auf der Welt zeugnishaft ein lebendiger Ausdruck der Gemeinde Gottes geboren wird, unberührt von Menschenhand, aufgrund einer neuen Offenbarung vom Wesen und der Wirklichkeit der Gemeinde. Eine solche Gemeinschaft von Christen kann zahlenmäßig zunehmen, die Gesetze des Leibes Christi funktionieren wie in der ersten Zeit, sie besitzt gewaltige geistliche Kraft und geistliche Erkenntnis, eine Einsicht in Gottes ewigen Plan, wie dies seit langem in der Geschichte der Christenheit nicht mehr der Fall gewesen ist. Und dann, unverhofft, fast unmerklich, schwindet die Sicht dahin, die „geistliche" Routine setzt ein, man hält die Erkenntnis für die Wirklichkeit – und schon ist sie von ihrer anfänglichen Höhe gefallen. Wenn sie nicht Buße tut und zu der ersten Liebe zurückkehrt, wird ihr Leuchter ebenso weggestoßen wie damals in Ephesus, und der Herr wird andere erwecken, die sich für das Zeugnis und die Wirklichkeit Gottes öffnen.

Wie viele Gemeinschaften, Kirchen, Institutionen sind Ruinen solcher ehemaligen geistlichen Aufbrüche! Viele der Ruinen scheinen zwar intakt zu sein. Wer aber Augen hat, um zu sehen, der erkennt, wie hohl das ganze Getriebe ist. Es ist nicht Christus, der sich da zum Ausdruck bringt, es ist nicht ein Leib, dessen Glieder organisch und harmonisch funktionieren, sondern es sind menschliche Apparaturen, die mit ungeheurem menschlichem Energie- und Materialverschleiß „am Leben" erhalten werden. Es begann mit der inneren Loslösung von der geistlichen Wirklichkeit der neutestamentlichen Gemeinde: Christus ist nicht mehr alles in allen. Die Gemeinde ist nicht mehr der gemeinschaftliche Christus, sondern sie ist nur noch mehr oder weniger „für" Christus, sie verteidigt „die Sache Christi", oder wie immer wir es bezeichnen mögen. Möge der Herr unsere Augen öffnen, damit wir sehen, wie sehr es dem Feind gelungen ist, die Gemeinde des Neuen Testaments zu entstellen!

Die zweite Bibelstelle, die von diesem Fall spricht, ist 1. Korinther 3,3-4. Ich brauche darüber nicht viele Worte zu verlieren, da ich den Sachverhalt andernorts ausführlich erläutert habe. Wichtig ist nur, wie Paulus auf die Situation in Korinth reagiert. Er verweist die Gläubigen sofort auf den zentralen Punkt: „Ist denn Paulus für euch gekreuzigt worden?" Aufgrund dieser erschütternden Frage erkennen wir, wie weit sich die Korinther bereits von der geistlichen Wirklichkeit des „Christus alles und in allen" entfernt haben. Die Gemeinde Gottes in Korinth ist nichts anderes als Christus in Korinth! Wie kann man da noch fragen, zu welchem Apostel man sich halten solle? Wie kann man sich da überhaupt um Apostel streiten? „Alles gehört euch ... ihr aber gehört Christus!" – „Ihr seid Christi Leib."

Das sind die Realitäten, die Paulus den Korinthern vorhält. An diesen Realitäten mißt er sie. Und gemessen daran waren sie schon sehr tief gefallen! Kein Wunder, daß Paulus an ihnen fast verzweifelt. Auch in Korinth vollzog sich derselbe Vorgang wie in Ephesus. Angesichts bestimmter Probleme (auch in Ephesus waren es Apostel, wenn auch falsche!) verloren sie die Sicht von der himmlischen Wirklichkeit der Gemeinde und versuchten diese durch Menschen, durch Meinungen und Lehrfragen zu ersetzen. Wäre der Prozeß nicht durch das Eingreifen von Paulus aufgehalten worden, hätte es am Ende in Korinth vier verschiedene Denominationen, „Gemeinden", gegeben: eine paulinische, eine petrinische, eine apollinische und eine rein „christliche" Gemeinde. Paulus legt hier vehement sein Veto ein. Merkwürdigerweise sagt er nicht: „Die Gemeinde kann nicht getrennt werden." Er sagt vielmehr: „Kann man *Christus* trennen?", obwohl er die Gemeinde und deren leidigen Zustand im Auge hat. Die Gemeinde und Christus sind für ihn ein und dasselbe. Wer die Gemeinde zerteilt, zerteilt Christus, und das ist unmöglich!

Babylon

Es gibt in der Bibel ein Gegenbild zur Stadt Gottes, dem himmlischen Jerusalem: Babylon. Auch sie ist eine Stadt, ja, sie wird sogar „die Große" genannt. Aber welch ein Gegensatz! Statt einer Wohnung Gottes im Geist, ist sie „zur Wohnung von Dämonen ... geworden, zur Behausung aller unreinen Geister und zum

Schlupfwinkel aller unreinen und abscheulichen Vögel"
(Offenbarung 18,2). Das ist sie nicht immer gewesen.
Ihr Anfang war besser als ihr Ende. Sie wurde als eine
stolze Stadt mit einem Turm konzipiert, dessen Spitze
bis in den Himmel ragt. Aber während das himmlische
Jerusalem vom Himmel herabsteigt, strebt Babylon von
der Erde zum Himmel. Gebaut wurde sie aus gebrann-
tem Lehm, nicht wie die Stadt Gottes aus Edelsteinen.
Wie erwähnt, sind Edelseine umgewandeltes Gestein,
und der ganze Prozeß der Veredelung symbolisiert das
umwandelnde Werk des Heiligen Geistes an den „lebendigen" Steinen, mit denen das Haus Gottes gebaut
werden soll. Ziegelsteine stellen etwas dar, das Menschen gemacht haben.

Der Turm und die Stadt Babel verkörpern Menschen-
werk, Menschenweisheit, menschliches Machtstreben,
menschliche Religiosität, menschliche Frömmigkeit.
Sie verkörpern alles, was wir als Menschen „für Gott"
tun, alles, was wir nach unsern Vorstellungen produzie-
ren, um es dann mit dem Namen Gottes zu versehen.
Aber dennoch, der Anfang von Babel war großartig,
imposant, bewundernswert; schließlich entstammte es
den besten Absichten: man wollte zusammenbleiben,
man wollte in der Einheit stark sein! Aber der Name
dieser Stadt verrät alles! Babylon heißt Verwirrung,
Durcheinander. Wo der Mensch regiert und wirkt, herrschen die Meinungen und Ansichten von Menschen,
herrscht menschlicher Wille, gilt das Recht des Stärke-
ren, Klügeren (oder sollen wir sagen „Schlaueren"?).
Über Babylon hängt der Fluch der Verwirrung, der Zer-
streuung, des Auseinanderstrebens. In Babylon werden
viele verschiedene Sprachen gesprochen, man versteht
einander nicht. Man braucht vielleicht dieselben Worte,
aber jeder meint etwas ganz anderes. Babel ist die durch
und durch sich selbst überlassene Stadt.

Aber Babylon ist noch mehr: Babylon ist die Stadt
des Exils. Bei der Eroberung Jerusalems und der Zer-

störung des Tempels wurden die restlichen zwei Stämme nach Babylon deportiert. Und dort, im Schmelztiegel von Babylon, entstand etwas, was im Verlauf der Kirchengeschichte sich auch im Neuen Bund durchgesetzt hat. In Babylon entstand als Ersatz für den Tempel die Synagoge, das Lehrhaus. Der Tempel war verloren. Jedermann wußte, daß der Tempel nur in Jerusalem stehen konnte, daß man Gott nur in Jerusalem vorschriftsgemäß anbeten konnte. So bildete man kleinere Gruppierungen, die sich in verschiedenen Lehrhäusern trafen, je nach Herkunft und Geschmack der verschiedenen Gläubigen. Bei den einen war die Lehre maßgebend, bei den andern der Ort, wo die Leute herkamen, bei den dritten war es ein bestimmter Rabbi, dem man sich anschloß, bei den vierten spielte die gesellschaftliche Position oder die Verwandtschaft eine Rolle. Hier, in der Synagoge, erstarrte der lebendige Tempeldienst zu jener Gesetzesfrömmigkeit, wie wir sie in den Evangelien vorfinden und mit der Jesus in ständigem Konflikt lebte. In der Offenbarung nun ist diese Stadt Babylon völlig entartet, reif zum Gericht. Da wird sie endgültig preisgegeben und zerstört.

Nun, was hat das mit der Gemeinde zu tun? Die Gemeinde kann nur so lange ein Ausdruck des erhöhten Herrn und Christus sein, als sie als das erkannt wird, was sie dem Plan Gottes gemäß ist und sein muß: eine Gemeinschaft von Menschen, in denen Christus wohnt, deren Basis und Wesen Christus selbst ist, die allein vom Gesetz des Geistes des Lebens, von innen her, von Christus her, regiert und gelenkt wird, ein Organismus, der zur Vollgestalt Christi heranwächst, zu „einem erwachsenen Mann". Sobald sie sich von ihrer geistlichen Wirklichkeit „in Christus" entfernt, befindet sie sich im Umkreis Babylons, und es dauert nicht lange, bis sie ein fester Bestandteil des babylonischen Systems wird. Da fragen die Gläubigen nicht mehr nach der geistlichen Wirklichkeit der Gemeinde, sondern bilden sich ihre eigenen Vorstellungen von der Gemeinde und versammeln sich nach ihren eigenen Gesichtspunkten. Manche dieser Gesichtspunkte mögen durchaus biblisch sein, ja, ich möchte sogar behaupten, daß wohl keine neue „Gemeinde" gegründet wird, die nicht irgendwie glaubt, *die* richtige, biblische Gemeinde zu sein.

Hier gilt es jedoch, eines ganz klar zu sehen: es geht nicht darum, ob eine bestimmte „Gemeinde" mehr oder weniger irgendwelchen biblischen Grundsätzen entspricht. Es gibt im Neuen Testament keine Mustergemeinde, die man nachahmen könnte. Und selbst wenn es eine gäbe und wir diese nachahmen könnten, hätten wir noch immer nicht die Gemeinde, sondern lediglich eine Imitation, ein Schattenbild. Man kann eine Wirklichkeit nicht nachahmen. Sie ist nicht reproduzierbar.

Entweder entsprechen wir der Wirklichkeit der Gemeinde, oder wir sind nicht die Gemeinde. Es geht einzig und allein um die geistliche Wirklichkeit der neutestamentlichen Gemeinde. Sie ist der Leib des erhöhten Christus, sie umfaßt alle Menschen, die „in Christus" sind, und sie verkörpert Christus selbst, nicht eine Lehre oder bestimmte Gesichtspunkte von Christus. Nur etwas, was diesen Leib verkörpert und praktisch darstellt, ist ein Ausdruck dieser Gemeinde. Und wie schon erwähnt, so etwas kann nur „von oben her" geboren werden.

Wir wissen, daß Gott nichts mit Babylon zu tun hat. Die Schrift sagt ganz klar, daß wir Babylon verlassen sollen. Paulus drückt sich ganz drastisch aus: „Wer einer Dirne anhängt (sich mit einer Dirne verbindet), ist ein Fleisch mit ihr." Auch wenn er dies auf den moralischen Wandel der Gotteskinder bezieht, so gilt dieser Grundsatz doch auch im übertragenen Sinne (vergleiche Offenbarung 19,2)! Aber hier muß ein ernsthaftes Wort der Warnung angefügt werden.

In der letzten Zeit haben viele dieses Wort „Babylon" und „Fliehet aus Babel" benutzt, um alles, was irgendwie nach Denomination oder Organisation roch, zu beschimpfen und zu verurteilen. Andere fühlten sich berechtigt, mit diesem Schlagwort „Gemeinden" zu verlassen, Trennungen anzuzetteln, Unruhe zu stiften und neue Gruppen zu bilden in dem Bewußtsein, nun außerhalb Babylons und folglich in vollständiger Übereinstimmung mit Gott zu sein. Aber durch „Weg von Babylon!", „Verlaßt das denominationelle System!" wird man Babylon nicht los. Indem man Gemeinden spaltet, sich von Gruppen löst und neue Versammlungen gründet, hat man Babylon noch nicht verlassen. Babylon ist nicht etwas Äußerliches, Babylon ist ein Prinzip, ein Geist, eine Gesinnung, und diese Dinge lassen sich nicht abschütteln. Nur das Kreuz befreit von Babylon. Nur wer seinen Leidenschaften und Lüsten, seinen Meinungen und Vorstellungen, seinen Ambitionen und Lehrsätzen gekreuzigt ist, hat Babylon hinter sich und ist fähig, sich nach Jerusalem zurückzubegeben, um dort den Tempel wiederaufzubauen. Die Ewigkeit wird einmal offenbar machen, wieviel Selbstgerechtigkeit, Überheblichkeit, wieviel fleischlicher Eifer und Eigensinn bei diesem „Weg von Babylon!" eine Rolle gespielt haben.

Es ist für jeden, der Gottes Ruf vernommen hat, „aus Babel zu fliehen", nicht leicht, diesen Schritt zu vollziehen. Niemand kann, wenn er eins ist mit dem Gott der Bibel, Babylon verlassen, ohne das tiefe Dilemma zu empfinden, in das er sich dabei begibt: Auf der einen Seite verlangt Gott von uns, daß wir gehorsam sind und das verlassen, was nicht Seinem Willen entspricht; auf der andern Seite können wir uns nicht von denen lossagen, die unsere Brüder sind und mit uns zu demselben Leib gehören, auch wenn sie sich in Babylon wohl fühlen und nicht begreifen können, was denn an ihrer „Kirche" oder „Gemeinde" nicht recht sein sollte. Wer kann leichtfertig das Land seiner Väter verlassen? Wir alle wurden in Babylon geboren, denn die babylonische Gefangenschaft der Gemeinde dauert schon viele Jahrhunderte lang. Sind wir nicht mit jeder Faser unseres Wesens mit dem verbunden, was der großen Mehrheit von Gläubigen teuer und heilig ist, wofür sie leben und sterben und was sie mit allen Mitteln verteidigen? Wer so leichtfertig andere Gotteskinder verurteilt und sie aus was für Gründen auch immer verläßt, handelt bestimmt nicht unter dem Einfluß des Heiligen Geistes und befindet sich auch nicht im Willen Gottes. Er hat Babylon nicht verlassen, sondern nur ein bißchen „ummöbliert“. Entweder ist er persönlichen Schwierigkeiten ausgewichen, weil er sich nicht unterordnen wollte, oder aber er verfolgt eigene Ziele und will dabei von nichts und niemandem gehindert werden. Mit der Wiederherstellung und dem Aufbau der Gemeinde hat das überhaupt nichts zu tun. Wen es nichts kostet, Babylon zu verlassen, der hat keine Ahnung, um was es Gott geht. Überzeugungen, Lehren, Modeströmungen, persönliches Frömmigkeitsstreben sind keine ausreichenden Gründe, Babylon zu verlassen. Das Zeugnis Gottes, die Gemeinde des Neuen Testaments, beruht nicht auf einer Reaktion auf negative Zustände, auch nicht auf Überzeugungen oder Lehren. Gottes Zeugnis beruht auf positiven Tatsachen, auf geistlichen Wirklichkeiten, die weder von unserer Erkenntnis noch von unserem Glauben abhängen: Das Fundament der Gemeinde ist der auferstandene, lebendige, erhöhte, zum Haupt erhobene Herr Jesus Christus. Er *in allen Heiligen* ist die Wirklichkeit der Gemeinde. Was immer wir tun, wo immer wir hingehen mögen – wir befinden uns nur dann in Übereinstimmung mit Gott beziehungsweise außerhalb von Babel, wenn diese positiven Wirklichkeiten die Basis unseres Handelns, unseres Lebens und unserer Gemeinschaft mit anderen Gläubigen sind. Dies war die Basis der ersten Gemeinden im Neuen Testament (bei aller äußeren Verschiedenheit!). Dies ist und bleibt die Basis der wiederhergestellten, aus Babylon zurückgekehrten Gemeinde. Nicht Absonderung, Verurteilung, kann das Motiv zur Wiederherstellung der Gemeinde sein, sondern vielmehr stellvertretender Gehorsam und stellvertretende Rückkehr zu den ursprünglichen Grundlagen des neutestamentlichen Zeugnisses.

Wiederherstellung

Viele reden heute von Wiederherstellung. Sie alle haben erkannt, daß das, was wir heute als Christentum vor uns haben, nicht dem entspricht, was im Neuen Testament niedergelegt ist. Nur besteht keine Klarheit darüber, was denn wiederhergestellt werden muß. Die einen sagen, die neutestamentliche Gemeinde sei eine charismatische Gemeinde gewesen, also müßten die Charismen zurückgewonnen werden. Andere gehen weiter und suchen nach irgendeiner neutestamentlichen Gemeindeordnung, die sie wiederherstellen möchten. Andere haben wichtige neutestamentliche Prinzipien entdeckt und versuchen, diese praktisch zu verwirklichen.

Fragen wir also ganz konkret: Was muß wiederhergestellt werden? Wir haben bereits im ersten Kapitel darauf hingewiesen, daß die sogenannte Urgemeinde nicht die reife, erwachsene, zu ihrer Vollgestalt gelangte Gemeinde gewesen ist. Es ist also eine Illusion, eine sogenannte „Urgemeinde" wiederherstellen zu wollen. Die Gemeinde hat innerhalb des Neuen Testaments eine Entwicklung durchgemacht und gewann erst allmählich die Gestalt, in der sie uns in den Briefen des Apostels Paulus entgegentritt. Aber auch aus diesen Briefen gewinnen wir kein einheitliches Muster einer Gemeinde, die wir heute wiederherstellen könnten. Wir lesen von Ältesten, von Diakonen, von Aposteln, Propheten, Evangelisten, Hirten und Lehrern. Aber geht es wirklich nur darum, alle diese verschiedenen Funktionen wiederzubeleben, die Prediger, Apostel oder Lehrer zu

benennen, und schon ist die Gemeinde wiederhergestellt? Ganz und gar nicht. Älteste machen noch keine
neutestamentliche Gemeinde aus. Das Ältestenamt
kann vielmehr, wenn es einfach als Prinzip angewandt
wird, viel Not und autoritäre Unterjochung verursa-
chen. Wiederherstellung bedeutet also auch nicht, das
Neue Testament zu kopieren, neutestamentliche Kulis-
sen herzustellen, vor denen man dann irgendwie Gemeinde spielt. Nein. Es geht um die Zurückgewinnung
neutestamentlicher Realität: Christus muß wiederentdeckt werden. Er muß wieder der sein, der Er im ganzen
Neuen Testament war, Er muß wieder den Platz haben
im Leben der einzelnen wie im Leben der christlichen
Gemeinschaft, den Er im Neuen Testament hatte. Gott
muß uns die pneumatische Dimension des Leibes Christi aufschließen, bevor wir anfangen können, neutestamentliches Gemeindeleben zu praktizieren. Wir müssen all dem sterben, was der natürliche Mensch im Reiche Gottes verdorben und entstellt hat, und gleichzeitig
muß Gott uns die Augen öffnen für die geistliche Wirklichkeit der Gemeinde. Sie muß uns erfüllen, beherrschen. Das Gesetz des Geistes des Lebens muß das Prinzip sein, das alle unsere Bewegungen, unser ganzes
Denken und Empfinden beherrscht.

Wir sind berufen, Christus in allen Heiligen darzustellen. Wir sind ein Leib in Christus, und, einzeln genommen, Glieder voneinander. Und vor allem müssen
wir den Grund wiederfinden, auf dem diese Wirklichkeit einzig und allein praktisch verwirklicht werden
kann. Nur eine Gemeinschaft von Gläubigen, in der
sich die Gesetzmäßigkeiten des Leibes Christi voll auswirken und die durch nichts und niemanden als durch
den innewohnenden Christus gelenkt und zusammengehalten wird, kann von sich sagen, sie stelle die Gemeinde dar, von der das Neue Testament spricht. Das aber
kann sie nur, wenn sie so einschließlich ist wie die Gemeinde des Neuen Testaments, das heißt, wenn sie alle

einschließt und verkörpert, die je an Christus geglaubt *wichtig*
haben. Auch muß sie offen sein für alle Dienste, die
Gott Seiner Gemeinde gegeben hat. Sie darf an keine
Lehren dogmatisch gebunden sein, an keine Personen
oder Ämter. Und sie muß in der ersten Liebe stehen.
Das heißt, sie und der lebendige Christus müssen eine
einzige Wirklichkeit bilden. Und dieser Zustand der ersten Liebe dauert nur so lange, als wir alle, die Babylon
verlassen haben, mit Christus gekreuzigt bleiben.

Die Realität des Fleisches

Die größte Gefahr für die Gemeinde, vor allem solange
sie ihrer geistlichen Wirklichkeit entspricht, ist das
Fleisch in ihrer Mitte. Es ist darum notwendig, um Zusammenhang mit der Wiederherstellung auf die alles
Geistliche ständig bedrohende Realität des Fleisches
hinzuweisen. Die Bibel spricht sehr klar über das
Fleisch, wir begegnen ihm auf Schritt und Tritt, sowohl
in den Evangelien, in der Apostelgeschichte, als auch in
den Briefen. Jeder, der die Bibel liest, ist diesem Ausdruck schon begegnet, aber wenige haben die Gefähr-
lichkeit des Fleisches wirklich erkannt. Denn Fleisch ist
nicht nur das, was unter den Werken des Fleisches in
Galater 5 aufgeführt wird. Fleisch ist alles, was an uns
nicht vom Geist berührt und durch Christus ersetzt worden ist. Besonders wichtig ist es zu erkennen, daß unter
den Begriff nicht nur grobe Sünden wie Fleisches- oder
Sinneslust, Begehrlichkeit, Hochmut usw. fallen, sondern auch alles Gute, Ansprechende, Logische, Perfekte, alles, was dem natürlichen Menschen einleuch-
tet und ihm Ruhm oder Befriedigung einbringt. „Im
Fleisch" und „im Geist" sind zwei Existenzweisen, die
sich im Neuen Testament gegenseitig ausschließen. Es
ist so, daß durch die Wiedergeburt das Fleisch in uns
nicht berührt wird. Zu schnell berufen sich die Gläubigen auf die Stelle, wo Paulus ausruft: „Das Alte ist ver-

gangen, siehe, es ist alles neu geworden." Es wäre genau zu fragen, wovon Paulus dort spricht. Jedenfalls zeigt die Erfahrung, daß mindestens alles, was mit dem Begriff Fleisch zusammenhängt, nicht unter dieses „neu" fällt. Das ganze Neue Testament ist sich darin einig, daß das Fleisch nicht erneuert, sondern gekreuzigt werden muß. *P. u. d. töte"*.

Um die ganze Tragweite dieses Problems zu skizzieren, möchte ich hier die „gute", anständige, ja lobenswerte Seite des Fleisches hervorheben. „Im Fleisch sein" heißt keineswegs, daß einer ein notorischer Sünder und Gesetzesübertreter ist. Im Gegenteil. Das Fleisch kann sich sehr edel, fromm, christlich, großmütig, tolerant, klug und fortschrittlich gebärden, je nach der Veranlagung des betreffenden Menschen. Ob etwas fleischlich oder geistlich ist, entscheidet nicht die Frage nach Gut oder Böse, denn beides, Gutes und Böses, sind Ausdrucksformen des Fleisches. Der Ursprung entscheidet, ob etwas im Fleisch oder im Geist geschieht. Fleisch ist alles, was der Mensch von sich aus tut, denkt, konzipiert, in Angriff nimmt. Alles Fleischliche hat seinen Ursprung beim Menschen. Immer ist der Mensch unmittelbar betroffen, wenn das Fleisch aktiv geworden ist. Darum reagieren wir auch ganz spontan, wenn sich etwas gegen uns oder gegen unsere Überzeugungen richtet. Wir fühlen uns bedroht, herausgefordert, in Frage gestellt. Wir sind die Urheber, von uns ist die Sache ausgegangen, sie ist unser ureigenstes Geschöpf. Wir sind darauf angewiesen, daß die Reaktion auf das, was wir tun, unserer Absicht entspricht. Ist dies nicht der Fall, sind wir verletzt; der Fehler kann keinesfalls bei uns liegen, denn wir haben es nur gut gemeint.

Gerade hier stoßen wir auf tiefere Schichten des Fleisches. Der zentrale Begriff des Fleisches ist das Ich oder das Selbst. Das muß keineswegs negativ verstanden werden, etwa im Sinne von Egoismus. Das Ich kann sogar sehr selbstlos erscheinen, wenn es daraus irgendwelchen Vorteil ziehen kann. Letzte Norm für das Fleisch ist die Frage: Was bringt diese Sache mir ein? Was habe ich davon? Bringt sie mir Vorteile oder Nachteile? Gefällt sie mir, oder gefällt sie mir nicht? Befriedigt sie mich, entspricht sie meiner Meinung, betrifft sie mich oder nicht?

Nehmen wir einmal an, wir leben in einer denominationellen Gemeinde, die sehr lebendig und angesehen ist. Man versucht nach biblischen Grundsätzen zu leben, zu zeugen und Menschen für Christus zu gewinnen. Nun sind wir auf irgendeinem Wege darauf aufmerksam geworden, daß es in der neutestamentlichen Gemeinde kein ständiges Predigtamt geben kann, daß also ein bezahlter Prediger nicht im Sinne des Neuen Testamentes ist. Wir gelangen also zur festen Überzeugung, daß die Struktur der Gemeinde, zu der wir gehören, nicht biblisch ist. Nun hat das Fleisch die Eigenart, daß es nicht in Konflikten leben kann. Es muß sich arrangieren, es sucht nach einer Lösung, nach einer Möglichkeit, das Problem so schnell wie möglich loszuwerden. Wir werden also zum Prediger gehen und ihm „in aller Liebe" sagen, daß seine Stellung in der Gemeinde nicht dem Neuen Testament entspreche und folglich nicht mit dem Willen Gottes in Einklang zu bringen sei. Heimlich hoffen wir natürlich, der Prediger werde auf uns hören, zurücktreten und einem Ältestenrat oder etwas Ähnlichem Platz machen. Der Prediger jedoch weiß sich von Gott zum Dienst berufen und wird kaum auf unsere Argumente eingehen. Zudem wollen ja die meisten anderen einen Prediger haben. Lassen wir uns von bösen Absichten leiten, werden wir ein Intrigenspiel und eine Wühlarbeit beginnen, um möglichst viele Glieder der Gemeinde auf unsere Seite zu ziehen. Sind wir edel gesinnt, respektieren wir die Haltung des Predigers, verlassen aber die Gemeinde, weil wir nicht gegen unsere Überzeugung leben wollen. Wir werden nur eines nicht tun: uns unter die Zustände beugen, wie sie nun einmal sind, uns gerade durch diese Widersprüche zerbrechen lassen, die Schmach auf uns nehmen, gegen besseres Wissen Sonntag für Sonntag die Predigt mitanzuhören und uns mit denen zu freuen, die durch sie gesegnet werden. Und doch wäre dies der einzige Weg, um dem Fleisch zu entrinnen.

Ich komme nicht vom Fleisch los, wenn ich dem Problem ausweiche und meine eigenen Wege gehe, sondern nur, indem ich Dinge tun und ertragen muß, die mich das Äußerste kosten, indem ich in den Umständen aushalte, die meine innersten Überzeugungen durchkreuzen, indem ich an der Gemeinschaft mit Brüdern festhalte, von der jeder andere profitiert, nur ich nicht. Nur so lerne ich den Weg des Geistes: wenn ich mich in dieser Lage Gott anbefehle und von Ihm die Lösung erwarte, ohne selbst etwas zu unternehmen. Denn wenn die Lösung nicht von Ihm kommt, werde ich weiterhin fleischlich reagieren, und mein ganzes geistliches Leben dreht sich im Kreise. Um im Geist leben zu können und somit frei zu sein für den Weg und den Willen Gottes, muß „ich" mit Christus gekreuzigt sein, darf „ich" nicht mehr leben. Gott benutzt gerade die denominationelle Verwirrung, um unser Fleisch zu kreuzigen. Wir müssen uns eines merken: unsere ersten Reaktionen sind immer fleischlich, auch wenn wir dabei die besten Absichten haben. Erst wenn wir aufhören, zu reagieren, wenn unser Ich leidet und in Bedrängnis gerät, hat Gott die Möglichkeit, Seine Lösung einzuführen. Erst wenn wir an ein Ende gekommen sind, kann Er anfangen, uns aus der Verwirrung des Fleisches in die Klarheit und Einfachheit des Geistes hinüberzuführen.

Die Behandlung des Fleisches braucht Zeit. Wir benötigen viele widrige Umstände, viele unangenehme Situationen, viele schwierige Menschen in unserer praktischen Erfahrung, bis wir uns selbst endgültig loslassen und uns an Christus verlieren. Das Fleisch hat immer seine Meinungen, es sucht immer irgendwie originell zu sein, weil dann stets ein Glanz auf uns zurückfällt. Es verteidigt das, was es zustande gebracht hat, es sucht sich zu rechtfertigen, wenn es angegriffen und herausgefordert wird. Das alles hört auf, sobald wir uns von Gott behandeln lassen. Unsere ganze Hoffnung ist dann nur noch auf Gott gerichtet, wir erwarten von uns und der Welt nichts mehr. Wir haben nichts mehr zu verteidigen, nichts mehr zu rechtfertigen. Gott verteidigt uns, Er rechtfertigt uns. Wenn wir an diesem Punkt angelangt sind, wird Gott uns aus den fleischlichen, denominationellen Beziehungen herauslösen und uns in die Gemeinschaft Seines Leibes einpflanzen, wo wir Ihm, und nicht mehr uns selbst dienen.

Die Gemeinde in der Wiederherstellung

2. Teil

Die Gemeinde im Neuen Testament

Wir haben von der Gefahr des Fleisches in der Gemeinde gesprochen. Es ist das ungekreuzigte Fleisch, das zur Zerstörung der neutestamentlichen Realität, des neutestamentlichen Zeugnisses, zum Zerfall und zur Entartung der Gemeinde geführt hat. Das „Nicht ich, sondern Christus in mir" von Paulus ist eine grundlegende Voraussetzung für ein normales, neutestamentliches Gemeindeleben. Mir liegt sehr viel daran, daß alle, die diese Zeilen lesen, einsehen, daß es bei der Wiederherstellung der Gemeinde nicht darum gehen kann, gewisse Bedingungen oder Grundsätze aufzugreifen und zu verwirklichen. Wenn das Fleisch nicht behandelt und gekreuzigt worden ist, wird daraus nichts anderes als ein weiterer „eigenwilliger Gottesdienst" entstehen, der in keiner Weise dem entspricht, was im Neuen Testament Gemeinde genannt wird. Das Fleisch klammert sich gern an die Bibel, es ist gern „bibeltreu", es verschanzt sich gern hinter einer biblischen Radikalität und Ausschließlichkeit, weil es damit wieder imponieren und Zustimmung gewinnen kann. Gott aber identifiziert sich nie mit irgend etwas, das vom Fleisch stammt, auch wenn es noch so biblisch ist. Dies zu erkennen ist wesentlich, wenn wir uns mit der Wiederherstellung des neutestamentlichen Zeugnisses von Christus und Seiner

141

Gemeinde beschäftigen. Es bewahrt uns vor neuen Illusionen und Enttäuschungen.

Gehen wir nun davon aus, daß wir wirklich durch die Gnade Gottes einen Punkt erreicht haben, wo Gott mit uns zum Ziel gelangt ist und uns völlig in Seine Hand bekommen hat. Bedeutet nun, mit Christus gekreuzigt zu sein, daß wir nichts mehr tun, daß wir alles mit uns geschehen lassen, daß wir den Dingen ihren Lauf lassen und hoffen, irgendwann einmal werde Gott schon dafür sorgen, daß die Gemeinde in ihrem alten Glanz und in ihrer vollkommenen Gestalt wiederersteht und das volle Mannesalter erreicht? Ist der Zustand des gekreuzigten Fleisches notgedrungen der Zustand einer „geistlichen" Passivität, weil wir ja, sobald wir anfangen, etwas zu tun, wiederum Gefahr laufen, „im Fleisch" zu handeln und dadurch alles wieder zu verderben? Leider scheinen viele Gotteskinder diesem Fehlschluß zum Opfer gefallen zu sein. Nichts liegt weiter von der Wahrheit entfernt als das! Nachdem unser Fleisch behandelt und gekreuzigt worden ist, machen sich unwillkürlich die Bedürfnisse und das Verlangen des Geistes in uns bemerkbar: Der Heilige Geist weckt in uns einen solchen Hunger nach geistlicher Wirklichkeit, nach der Wirklichkeit dessen, was sich Gott in Christus vorgenommen hat vor Grundlegung der Welt, daß wir keine Ruhe mehr haben, bis diese Bedürfnisse gestillt worden sind.

Von Christus wissen wir, daß „der Eifer um sein Haus" Ihn verzehrt hat. Von David erfahren wir, daß ihn nichts davon abhalten konnte, Gott einen Tempel zu bauen und Material dafür zu sammeln. Gerade dieses sein Verlangen machte ihn zu einem Mann nach dem Herzen Gottes. Derselbe Eifer beginnt uns zu erfüllen und uns zu drängen, Gottes Willen zu tun und ganz nach diesem Willen zu leben. Kein Opfer wird zu groß, kein Weg zu weit, kein Kreuz zu schwer, wenn dadurch nur Gott zu dem kommt, wonach Er sich seit vielen Zeitaltern sehnt. Der Herr fängt an, uns Seine Gedanken hinsichtlich der Gemeinde mitzuteilen. Schriftworte, die uns längst bekannt und vertraut sind, fangen an, neu zu uns zu sprechen, sie bekommen einen neuen Sinn, einen neuen Inhalt, die Dinge rücken an ihren von Gott bestimmten Platz. Wir erkennen einen Weg, und voller Staunen stellen wir fest, daß es der Weg der Gemeinde ist, ein Weg unabhängig von Tradition und Geschichte, unabhängig von Menschenwillen und Organisation – es ist der Weg des Lebens, des göttlichen, unzerstörbaren, himmlischen Lebens.

Dieser Weg ist gekennzeichnet durch göttliche Fülle – Fülle von Erkenntnis, Fülle von Offenbarung, von Weisheit, Leben, Kraft, geistlicher Wirklichkeit, Wahrheit; aber auch von einer Fülle von Gemeinschaft und Einheit, wie sie sonst nirgends zu finden ist. Auf diesem Weg ist Christus alles, denn in Ihm sind alle Schätze der Weisheit und Erkenntnis Gottes verborgen. Christus selbst ist das Prinzip, das Gesetz dieses Weges; alles, was Ihn enthält, alles, was Ihn zum Ausdruck bringt und verkörpert, ist Teil der Gemeinde, ist geeignet, hier und jetzt die Gemeinde darzustellen und zu repräsentieren. Christus ist das Kriterium für alles, was die Gemeinde betrifft, und zwar der erhöhte, verherrlichte, triumphierende Christus, wie Ihn der Heilige Geist an Pfingsten mitten unter die Menschen gebracht hat. Ich werde nicht müde, es immer wieder zu sagen: Dieser Christus, dieser Herr, ist das Wesen, die Person, das Leben der neutestamentlichen Gemeinde. So viel von Ihm unter Menschen zu finden ist – nicht als Lehre, nicht als Bekenntnis, sondern Er selbst im Heiligen Geist persönlich gegenwärtig –, so viel ist auch von der Gemeinde unter uns zu finden, nicht mehr, aber auch nicht weniger. Sobald wir den neutestamentlichen Christus wiedergefunden haben, befinden wir uns schon auf dem Weg der Wiederherstellung der Gemeinde.

Es ist nun von entscheidender Bedeutung, daß wir, wenn wir im Neuen Testament nach der Gemeinde suchen, nichts anderes suchen als die Ausdrucksweise dieses unter den Menschen wohnenden, himmlischen Herrn. Die Gemeinde wird im Neuen Testament als geistliche Wirklichkeit vorausgesetzt; wir suchen vergeblich nach einer Konstitution nach einer Gemeindestruktur. Wir haben im Zusammenhang mit Korinth schon festgestellt: die Gemeinde in Korinth war Christus in Korinth. Was immer in Korinth „in Christus" war, gehörte zur Gemeinde in Korinth. Die Geburt von oben entschied über die Gemeindemitgliedschaft. Es war unmöglich, daß man, nachdem man wiedergeboren war, noch der Gemeinde beitrat. Die Gemeinschaft der Gläubigen war die sichtbare Verkörperung des Lebens aus Gott, des himmlischen Menschen, des zweiten Adam. Wer aus Gott geboren war, war in die Gemeinde hineingeboren worden oder, wie Paulus es ausdrücken würde, war „in Christus" hineinversetzt worden. Die Gemeinde ist, geistlich gesehen, eine „biologische" Größe. Man wird in sie hineingeboren, wie man in eine Familie hineingeboren wird. Das konstitutionierende Element einer Familie ist das Leben des Vaters, der die Kinder gezeugt hat. Genauso ist es in geistlicher Beziehung. Der Hebräerbrief spricht ausdrücklich von diesem Sachverhalt.

Durch die Geburt von oben her empfangen wir das Leben aus Gott, dasselbe Leben, das in Christus Jesus war. In Seiner Auferstehung wurde Er „der Erstgeborene vieler Brüder". Christus mußte sterben und auferstehen, um „viele Söhne zur Herrlichkeit zu bringen". Die Gemeinde ist die sichtbare Verkörperung dieser Größe, dieser geistlichen Wirklichkeit. Das konstitutionierende Element der Gemeinde ist das göttliche Leben, das wir durch die Geburt von oben her empfangen. Und genauso, wie wir in einer natürlichen Familie nicht sagen können, dieser oder jener Bruder gehöre nicht zur Familie, weil er vielleicht andere Interessen und Charaktereigenschaften hat als wir, wo wir doch unleugbar ei-

144

nen gemeinsamen Vater haben, von dem wir abstammen, so können wir auch in geistlicher Hinsicht niemanden ablehnen, der die Dinge anders sieht als wir, dem andere Dinge wichtiger sind als uns, solange er ein Kind desselben Vaters und folglich mit uns zusammen „in Christus" ist. Die Frage der Gemeindezugehörigkeit wird durch die Geburt entschieden. Diese Tatsache wird für jeden, dem der Herr die Augen geöffnet hat, im ganzen Neuen Testament vorausgesetzt. Alle übrigen Definitionen von Gemeindezugehörigkeit und -mitgliedschaft sind künstlich ins Neue Testament hineingetragen worden und sind geistlich ungedeckt.

Wenn das zutrifft, dann ist auch gleich die Frage geklärt, was denn überhaupt nun praktisch die Gemeinde ist und wer zu ihr gehört. Die Gemeinde ist überall dort, wo Menschen aus Gott geboren sind, und sie besteht überall ohne Ausnahme aus all denen, die aus Gott geboren sind. Die Summe aller aus Gott Geborenen in Korinth ist die Gemeinde in Korinth. Paulus wehrt sich kategorisch gegen jede andere Gruppierung der Gläubigen in dieser Stadt. Beim Wesen der Gemeinde geht es nicht darum, durch wen wir zum Glauben gekommen sind; es geht auch nicht darum, in welchem Zustand sich diejenigen befinden, die an Christus Jesus glauben. Entscheidend ist ein einziges Faktum: Ist er ein Bruder? Ist sie eine Schwester? Wenn ja, ist alles entschieden. Die Gemeinde Gottes in Korinth ist die Familie Gottes in Korinth, die Brüderschaft Christi in Korinth. Und diese Gemeinde ist untrennbar! Es kann in Korinth nur eine einzige Gemeinde geben! Wird diese eine Gemeinde durch menschliche Unterschiede auseinandergerissen, so wird Christus zerteilt, sagt der Apostel Paulus, und man spürt seiner Argumentation das Entsetzen an, das ihn bei diesem Gedanken befiel.

Es gibt keine andere Möglichkeit, die Gemeinde zu sehen: Sie ist, sofern wir die Gemeinde des Neuen Testamentes meinen, die Verkörperung und die Summe all derer, die aus Gott geboren sind, und dies gilt für jeden Ort dieser Erde. Wenn wir geistlich zu unterscheiden vermögen, werden wir sogleich erkennen, daß aufgrund dieser Definition die neutestamentliche Gemeinde nicht hergestellt werden kann. Sie existiert bereits. Überall, wo Menschen in Christus sind, existiert die Gemeinde, ist sie Wirklichkeit. Etwas anderes ist die Frage, ob sie auch ihrer Wirklichkeit gemäß gelebt und zum Ausdruck gebracht wird. Darauf werden wir später zurückkommen. Für den Augenblick genügt es, wenn wir Gott die Ehre geben und bekennen, daß wir blind gewesen sind für die Wahrheit und Wirklichkeit der Gemeinde und daß wir wie unwissende Kinder Worte in den Mund genommen haben, von denen wir keine Ahnung hatten, was sie eigentlich bedeuteten.

Wir können die Probe aufs Exempel machen: Im ganzen Neuen Testament steht neben dem Wort „Gemeinde" stets der Name des Ortes, in dem sie sich befindet. Wo immer Gläubige wohnen, bilden sie mit allen, die an diesem Ort zu Christus gehören, die Gemeinde dieses Ortes. Die Gemeinde ist nicht kleiner als der Ort, aber auch nicht größer als der Ort. Es hat keinen Sinn, hier alles bis ins Detail zu begründen. Wer sich näher mit diesen Fragen beschäftigen will, möge die entsprechenden Schriften von Watchman Nee lesen. Worauf ich jedoch mit größter Entschiedenheit hinweisen möchte, ist die Tatsache, daß diese Sicht der Gemeinde, wie wir sie vorhin umrißhaft dargestellt haben, nicht von Watchman Nee stammt und etwa nur für die damaligen Verhältnisse in China anwendbar ist, sondern daß sie der neutestamentlichen Wirklichkeit entspricht. Watchman Nee ist lediglich durch die besondere Behandlung, die Gott ihm zuteil werden ließ, neu darauf gestoßen und hat sie mit göttlicher Klarheit und Eindringlichkeit verkündigt.

Wir können die Sache drehen, wie wir wollen – immer wieder bleibt, nachdem wir alles ausgeschieden haben, was menschlich, fleischlich, historisch ist, diese eine, große Wirklichkeit zurück: die Gemeinde Gottes ist die Verkörperung des auferstandenen, erhöhten und verherrlichten Christus an jedem Ort dieser Erde. Christus in allen Heiligen, wo immer sie wohnen, das ist die neutestamentliche Gemeinde. Es ist ganz klar, daß wir unterscheiden müssen zwischen der geistlichen Wirklichkeit der Gemeinde und den verschiedenen Formen des Gemeindelebens. Wenn wir sagen, daß es aufgrund der Definition pro Ort nur eine Gemeinde gibt und geben kann, so heißt das nicht, daß diese Gemeinde sich nicht auch in mehreren Versammlungen desselben Ortes darstellen kann, vorausgesetzt, daß diese verschiedenen Versammlungen eng miteinander verbunden sind und einer einzigen Ältestenschaft unterstehen. In Jerusalem ging die Zahl der Gläubigen allmählich in die Zehntausende. Es ist absolut undenkbar, daß sich diese vielen Menschen sonntags an einem Orte versammelt haben. Vielmehr lesen wir von verschiedenen Häusern, wo die Gläubigen zusammenkamen, und es müssen Hunderte gewesen sein. Aber all diese kleineren Versammlungen standen unter der Leitung einer einzigen Ältestenschaft; sie alle hielten fest an der gemeinsamen Belehrung durch die Apostel und Propheten. Jede einzelne dieser Versammlungen betrachtete sich als Bestandteil der einen Gemeinde in Jerusalem, und untereinander waren sie nicht nur durch die Apostel und Propheten verbunden, sondern auch durch das gemeinsame Leben, das in ihnen allen war. Es ist bemerkenswert, daß trotz dieser vielen Versammlungen immer nur von der Gemeinde (Einzahl!) in Jerusalem, oder einfach „der Gemeinde" gesprochen wird. Nie ist von verschiedenen Gemeinden in Jerusalem oder an andern Orten die Rede.

Der heutige Zustand der Gemeinde

Wenn wir von der Gemeinde reden, sollten wir das Wort immer nur für das verwenden, was es im Neuen

Testament bezeichnet: die Gemeinschaft der Heiligen an jedem Ort dieser Erde oder den Leib Christi. Jede einzelne Gemeinde an irgendeinem Ort ist eine Miniaturausgabe des ganzen Leibes, der Fülle Christi. Und darum betont Paulus im Epheserbrief, daß wir „alle Heiligen" benötigen, um die Länge, Breite, Höhe und Tiefe Christi zu erkennen. Gemeinschaften von Christen, die sich aus irgendwelchen Gründen zusammengetan haben, sollten wir konsequenterweise nicht Gemeinde nennen, weil sie nicht die Gemeinde, sondern irgendeine Idee, irgendeine Lehre, irgendeinen Dienst, irgendeine Form von Frömmigkeit repräsentieren. Es sind fleischliche Gruppierungen, willkürliche Entstellungen der Gemeinde, krankhafte Wucherungen innerhalb des Leibes Christi. Dabei gilt es, eines zu beachten: Was die persönliche Frömmigkeit der Gläubigen innerhalb solcher Gruppierungen betrifft, so kann diese sehr geistlich sein. Meistens sind es ja nicht die Lauen und Trägen, die sich zu besonderen Gemeinschaften zusammenschließen, sondern diejenigen, die nach mehr verlangen, die treuer sein möchten als die übrigen, denen die Belange Jesu Christi nicht gleichgültig sind. Sie sind unsere Brüder und Schwestern, auch wenn sie sich von uns absondern und eigene Wege gehen. Trotzdem müssen sie sich sagen lassen, daß sie sich durch ihre Absonderung am Leibe Christi versündigt haben.

Wie steht es nun heute um die Gemeinde? Sobald man irgendwo darauf hinweist, daß es aufgrund des Neuen Testamentes an einem Ort nur eine Gemeinde geben könne, weil die Gemeinde die Verkörperung *aller* Wiedergeborenen eines Ortes sei, stößt man sofort auf heftigen Widerspruch. Denn eine solche Sicht von der Gemeinde ist eine gewaltige und bedrohliche Herausforderung für alles, was sich heutzutage Gemeinde nennt und sich dazu noch auf dasselbe Neue Testament beruft. Denn wenn diese Sicht stimmt, sind alle Formen kirchlicher Gemeinschaft, die ihr nicht entsprechen, falsch. Wenn sie aber nicht die Gemeinde sind, was sind sie dann? Unversehens sind wir beim Problem der Denominationen angelangt.

Die allermeisten Gläubigen gehören irgendeiner der vielen existierenden Denominationen an. Es gibt davon bereits einige Hundert, und beinahe täglich entstehen neue. Das Wort Denomination bedeutet: Benennung, Bezeichnung. Eine Denomination ist demnach eine bestimmte Form kirchlicher Gemeinschaft, die sich durch einen bestimmten Namen von andern Christen unterscheidet. Obwohl der Name meistens auf die Eigenart der betreffenden Gemeinschaft hinweist, darf man seine Bedeutung nicht überbewerten, denn es gibt auch Gruppen von Gläubigen, die sich vehement gegen jede Bezeichnung wehren und die gerade durch ihr Beharren auf ihrer „Namenlosigkeit" zu einer Denomination geworden sind. Weder Name noch Namenlosigkeit darf zum besonderen Charakteristikum der Gemeinde werden, sondern vielmehr „Christus alles und in allen". Wichtig für eine Denomination ist der Grund oder der Anlaß, der zu ihrer Entstehung geführt hat, das also, was sie prägt, was ihre Eigenart ausmacht. Bei vielen ist es eine bestimmte Lehre: die Taufe, Fragen der Gemeindeleitung, unterschiedliche Deutungen der biblischen Prophetie, Endzeitfragen usw. Praktisch kann jeder einzelne Punkt des christlichen Glaubens zum Ausgangspunkt einer Denomination werden, wenn er zu einem bestimmten Kriterium gemacht wird. Bei andern ist es eine markante Persönlichkeit: Luther, Calvin, Wesley, Booth, Darby, W. Lee u.a. Sie repräsentieren das Werk und die Lehre dieser Glaubensmänner.

Bei andern wiederum sind es bestimmte Erfahrungen: „Geistestaufe", Erweckungen, Erleuchtungen, Visionen, Heiligung, Prophezeiungen usw. Aus diesen Beispielen wird deutlich, daß es sich bei allen Denominationen um Spezialisierungen handelt, um Ausschnitte aus dem ganzen Spektrum christlichen Glaubens und christlicher Erfahrung, die aber für die Mitglieder einer bestimmten Denomination zum entscheidenden und unterscheidenden Faktor geworden sind. Die meisten Denominationen sind überörtlich organisiert. Wichtig ist ihnen ja nicht die Beziehung zu allen Gläubigen derselben Ortschaft, sondern zu all denen, denen dasselbe wichtig ist wie ihnen.

Wenn wir nun diese Denominationen mit dem vergleichen, was das Neue Testament „Gemeinde" nennt, wird sofort klar, daß sie den Leib Christi hoffnungslos zerreißen und zerstückeln. So präsentiert sich die Gemeinde an irgendeinem beliebigen Ort dieser Erde: die Gläubigen (wir reden hier nur von solchen, die von Gott geboren sind) versammeln sich regelmäßig innerhalb der Denominationen und Gruppierungen, zu denen sie gehören. An den meisten Orten existieren verschiedene denominationelle Gruppen nebeneinander. Alle gemeinsamen Anstrengungen, wie Allianz oder ökumenische Gottesdienste, ändern nichts an der Tatsache, daß jede dieser Gruppen ihr eigenes, von den andern unabhängiges Leben lebt, daß die einen im Grunde genommen ohne die andern auskommen könnten und daß das Interesse der Gläubigen doch fast ausschließlich der eigenen Denomination gilt. Die andern sind draußen, außerhalb. Dieses „drinnen und draußen" innerhalb der örtlichen Gemeinde ist gerade das, was die Bibel mit apostolischer Autorität so vehement verurteilt. Die Gemeinde wird dadurch auseinandergerissen, sie wird durch historische Gegebenheiten daran gehindert, als eine, unteilbare Gemeinde in Erscheinung zu treten. Die Gläubigen einer bestimmten Denomination identifizieren ihren Glauben so sehr mit ihrer kirchlichen Struktur und Tradition, daß, wer an diese Dinge rührt und sie bloßstellt, als einer gilt, der ihren Glauben zerstören will. Daran erkennen wir wieder deutlich die geistliche Ursache, die zur Denominationsbildung geführt hat: *das Fleisch.*

Sind alle Denominationen falsch? Müssen wir sie samt und sonders verurteilen und sie schleunigst verlassen? Wir dürfen hier keinen Fehler machen. Wir brauchen besondere Gnade, um den Sachverhalt richtig darzustellen. Sofern irgendeine Denomination sich an die Stelle der neutestamentlichen Gemeinde setzt und vorgibt, eben diese Gemeinde zu sein, befindet sie sich im Irrtum. Sie trennt dadurch den Leib Christi und hält Gläubige in einem Ghetto gefangen. Sie bewirkt, daß sie einseitig werden und geistlich verarmen; denn sie nimmt sie aus dem organischen Strom des Reichtums Christi innerhalb des Leibes heraus und verpflichtet sie auf ein paar wenige Punkte, die ihr gerade wichtig sind, unter Beiseitelassung aller übrigen. Versteht sich eine bestimmte Denomination jedoch nicht als Gemeinde, sondern als Instrument, zum Beispiel der Seelengewinnung, dann hat sie eine gewisse Berechtigung, solange sie sich auf ihren speziellen Dienst beschränkt und diejenigen, die durch sie zum Glauben gekommen sind, an die örtliche Gemeinde freigibt. Leider tun das die wenigsten. Nachdem sie das Evangelium verkündigt und Menschen für Christus gewonnen haben, binden sie die Gläubigen an sich selbst, statt sie zu lehren, sich auf der Grundlage des Leibes Christi am betreffenden Ort mit anderen Gotteskindern zu versammeln. Es ist nicht falsch, wenn man sich zum Zwecke der Seelengewinnung oder anderer Dienste (wie zum Beispiel Drogenhilfe, Sozialdienste usw.) organisiert und konkrete Strukturen aufbaut, die einen wirkungsvollen Dienst ermöglichen. Falsch ist es, wenn eine solche Organisation zu einer „Gemeinde" wird oder sich wie die Gemeinde gebärdet. Wir wollen sie deswegen nicht verurteilen. Der Herr wird das endgültige Urteil über sie sprechen. Um der Wahrheit willen müssen wir einfach sagen, daß solche Formen christlicher Gemeinschaft vorgeben, etwas zu sein, was sie im Lichte Gottes und gemäß der Schrift nicht sind und nicht sein können. Wenn es uns um die Gemeinde und ihre Wiederherstellung geht, können wir nicht bei den Denominationen stehenbleiben, sondern müssen uns fragen, was wir in einer so hoffnungslosen Situation wie der, in der sich die Gemeinde heute befindet, tun können und tun sollen.

Was sollen wir tun?

Was hat es angesichts einer solchen Verwirrung und Entstellung des neutestamentlichen Zeugnisses noch für einen Sinn, von Wiederherstellung und Einheit der Gemeinde zu sprechen? Wäre es nicht besser, das Fiasko einfach einzugestehen und jede Hoffnung auf Wiederherstellung der Gemeinde aufzugeben? Gott sei Dank hängt das Schicksal der Gemeinde nicht von unserer Antwort auf diese Frage ab. Schon im Alten Testament hat Gott durch Jesaja verkündet: „Mein Ratschluß soll zustande kommen!" An der Geschichte Israels und des Tempels hat Gott demonstriert, daß Er nichts aufgibt, was Er sich vorgenommen hat. Was Gott geplant hat, das führt Er auch aus, trotz aller Verfehlungen und Verirrungen der an diesem Plan beteiligten Menschen. Schon längst hat Gott mit Seinem Werk der Wiederherstellung der Gemeinde angefangen. Wahrheit um Wahrheit hat der Heilige Geist wieder ins Bewußtsein der Christenheit zurückgebracht, so daß es uns heute möglich ist, uns umfassender über die Wahrheit des Christentums zu informieren als irgendeine Generation vorher. Nur an einem Punkt stößt Gott auf hartnäckigen Widerstand – wenn es darum geht, die Trümmer des verwüsteten Tempels in Jerusalem auf dem alten Fundament wiederaufzubauen. Da finden wir tausend Ausreden, warum das nicht möglich und überhaupt nicht nötig sei und daß wir Gott auch so dienen und verherrlichen könnten. Hat sich Gott je mit den Synagogen in Babylon zufriedengegeben? Selbst die schönsten und prächtigsten Synagogen waren kein Er-

satz für den Tempel. Bestimmt war der wiederaufge-
baute Tempel nach der Rückkehr aus dem Exil äußerlich nicht zu vergleichen mit den großen Synagogen von
Babylon; aber Gott nahm Besitz vom Tempel und iden-
tifizierte sich vollkommen mit ihm. Wichtig ist nicht,
wie imposant und beeindruckend die Synagogen sind:
entscheidend ist, wo sich die Herrlichkeit Gottes befindet. Die Synagogen besaßen ihre eigene Herrlichkeit.
Der Tempel besaß die Herrlichkeit Gottes. Genauso
verhält es sich mit der wiederhergestellten Gemeinde.
Es geht nicht darum, wie groß und imposant eine Denomination in den Augen der Menschen ist, wie viele Mitglieder sie hat, welchen Einfluß sie ausübt; es geht darum, wo die Herrlichkeit Gottes ist. Sie entscheidet alles.

Wo ist die Herrlichkeit Gottes? Gottes Herrlichkeit
ist in alle Ewigkeit mit Christus verbunden. Sie ist überall dort, wo dieser Christus zum Ausdruck gebracht
wird, nichts als dieser Christus: Christus alles und in allen. Was also sollen wir tun?

Wir müssen den Grund der neutestamentlichen Gemeinde einnehmen. Der Grund der Gemeinde eines bestimmten Ortes ist Christus an diesem Ort. Solange wir
einer Denomination angehören, ist die Basis unserer
Gemeinschaft die Basis der betreffenden Denomination, das heißt die Lehre, Persönlichkeit oder Erfahrung, die ihr besonderes Merkmal ist, um derentwillen
sie existiert. Alle, die nicht zu dieser Denomination gehören, haben nicht teil an unserer Gemeinschaft, und
wenn sie trotzdem wollen, müssen sie sich unserer Denomination anschließen. Der Grund der Gemeinde umfaßt alle Wiedergeborenen eines Ortes. Wenn ich also
einen Grund einnehmen will, der es mir ermöglicht, mit
allen Gläubigen des Ortes Gemeinschaft zu haben,
dann kann ich keiner Denomination angehören. Es gibt
noch viele andere wichtige Gründe, die gegen Denominationen angeführt werden können, aber das ist der
wichtigste. Ich muß also, um auf den Grunde der Ge-

meinde zu gelangen, alles, was die Gemeinde trennt, aufgeben. Die Basis unserer Gemeinschaft mit Gläubigen kann einzig die sein, daß sie wie wir wiedergeboren sind und daß Christus in ihnen wohnt. Gemeinsam sind wir die Wohnung Gottes im Geist oder der Tempel des Heiligen Geistes. Es darf kein weiteres Kriterium hinzukommen. Jede weitere Bestimmung würde unsere Gemeinschaft einschränken und andere Gäubige ausschließen. Nur auf dieser Grundlage können wir die Gemeinde praktisch darstellen.

Es gibt Leute, die davon träumen, daß sich verschiedene Denominationen zu einer einzigen Kirche zusammenschließen würden, um die Einheit der Gemeinde wiederherzustellen. Selbst wenn sich alle Denominationen tatsächlich zu einer Kirche zusammenfinden würden, was absolut utopisch ist, so wäre dies trotzdem nicht die Gemeinde des Neuen Testaments; abgesehen von der fleischlichen Struktur einer solchen Kirche gäbe es noch immer eine große Zahl von Gläubigen, die nicht zu dieser Kirche gehörten. Sie würde also keinesfalls den Leib Christi repräsentieren. Alle solche Träume sind nutzlos, und jede Anstrengung in dieser Hinsicht ist sinnlose Zeitverschwendung. Es ist gewiß schön, wenn verschiedene christliche Gruppen ihre Streitigkeiten begraben und gemeinsame Aktionen unternehmen, aber das alles hat nichts mit der Einheit und Unteilbarkeit der Gemeinde Gottes zu tun. Die Gemeinde Gottes existiert; es gilt, sie zu erkennen und auf ihre Grundlage zurückzukehren. Dort wartet die Herrlichkeit Gottes darauf, aufs neue geoffenbart zu werden.

Das Prinzip der Stellvertretung – Überwinder

Bestimmt kommt jetzt der Einwand: Wenn ihr aber die bestehenden Gemeinschaften und Kirchen verlaßt und euch außerhalb davon versammelt, dann tut ihr ja genau dasselbe, was ihr gerade verurteilt: ihr sondert euch ab und bildet neue Gruppen, die unabhängig von andern Gruppen existieren. Dadurch wird die Trennung der Christen nicht aufgehoben, sondern nur vergrößert. Dieser Einwand ist nur möglich, wenn wir die Gemeinde noch nicht gesehen haben. Eine Denomination ist nicht die Gemeinde; wir haben eben gesehen, daß die Denominationen gerade die Gemeinde in verschiedene Sektoren aufteilen, daß sie es sind, die der Wirklichkeit des neutestamentlichen Zeugnisses im Wege stehen. Wenn wir also eine Denomination verlassen, dann trennen wir die Gemeinde nicht, sondern wir verlassen etwas, das die Gemeinde trennt, wir verlassen die Abspaltung der Gemeinde und kehren auf den Grund ihrer Einheit und Unteilbarkeit zurück: wir versammeln uns mit andern Christen nicht mehr nach Kriterien der Lehre, besonderer Erfahrungen oder bestimmter Persönlichkeiten, sondern ganz einfach deshalb, weil wir aufgrund des gemeinsamen innewohnenden Herrn zu einem Leibe zusammengefügt worden sind. Einige Grundvoraussetzungen sind dabei unbedingt erforderlich:

1. Niemand kann eine Denomination auf eigene Faust verlassen, nur weil es ihm dort nicht mehr gefällt oder weil er überzeugt ist, daß Denominationen falsch sind. Darüber haben wir bereits gesprochen. Von denjenigen, die schließlich Babylon verließen, um nach Jerusalem zurückzukehren und den Tempel wiederaufzubauen, heißt es: „Und der Herr erweckte den Geist Serubabels ..." Gott ruft uns heraus. Solange Gott uns nicht ruft und freigibt, haben wir das Joch Babels zu tragen und der Stadt Bestes zu suchen. Gott ruft Sein Zeugnis heraus. Er will nicht, daß wir mit unserem fleischlichen Eifer wieder alles zugrunde richten, was Er aufzubauen im Begriff steht. Wir sind absolut von Seiner Führung abhängig. Dabei können wir uns auf keinen Menschen berufen.

2. Auch wenn wir eine Denomination verlassen, können wir uns dennoch nicht von unseren Brüdern, die zu-

rückbleiben, lossagen. Sie gehören mit uns zur örtlichen Gemeinde. Wir gehen nicht in unserem eigenen Namen, um unsere Frömmigkeit und unser Seelenheil zu retten, sondern wir können nur nach Jerusalem zurückkehren, wenn wir uns mit ihnen identifizieren und sie in unserem Herzen mitnehmen. Hier stoßen wir auf das *Gesetz der Stellvertretung,* des Überwinders. Es ist das wichtigste Gesetz der Wiederherstellung. Diejenigen, die nach dem Exil nach Jerusalem zurückkehrten, bauten als erstes den zerbrochenen Altar wieder auf und brachten darauf Opfer dar *für alle zwölf Stämme Israels,* das heißt für alle, die in Babylon zurückgeblieben waren und nie daran dachten, zurückzukehren. Überwinder sind nicht Menschen, die vor unangenehmen Situationen davonlaufen, um vor Gott besonders fromm und rein dazustehen. Überwinder sind Menschen, die sich stellvertretend für alle zerstreuten Schafe, für *alle* Brüder und für *alle* Schwestern in den denominationellen Strukturen auf den Altar legen, bzw. sich auf den Grund des Leibes Christi, der Einheit der Gemeinde, zurückbegeben, auch wenn dies bedeutet, daß sie für alle Brüder und Schwestern in den Denominationen ihren guten Ruf, ihre Karriere, ihre Zukunft, ja sogar ihr Leben hingeben müssen. Sie tun es nicht um ihrer selbst willen, sondern um des Herrn und ihrer Brüder und Schwestern in der Verbannung willen. Es ist ein schwerer und kostspieliger Weg, mühsam und voller Gefahren. Es warten viele Rückschläge und Entmutigungen auf uns, und nur zu oft steigt in uns die Stimme des Unglaubens auf: „Es hat keinen Sinn, gib es auf!" Wer kann da bestehen, wenn nicht der, der von Gott berufen wurde zurückzukehren und den Tempel auf seinen alten Grundmauern wiederaufzubauen? Wer anders als derjenige, der ins Herz Gottes hat schauen dürfen und der das ungeheure Sehnen darin wahrgenommen hat, daß das Werk vorangehen und die Gemeinde das volle Mannesalter in Christus erreiche?

3. Nicht nur die Rückkehr auf den Grund der Einheit des Leibes, sondern auch das Bleiben und Wohnen zwischen den Trümmern der zerstörten Stadt, das ganze Wiederaufbauwerk, jede einzelne Versammlung, jeder Dienst, jedes Gebet in Jerusalem muß stellvertretend für alle, die zur Gemeinde gehören, geschehen. Wir können nur dann ein Ausdruck der neutestamentlichen Gemeinde sein, wenn wir stets alle Brüder und Schwestern unserer Stadt oder unseres Dorfes in unseren Herzen tragen, wenn wir für sie beten, ihnen nach Möglichkeit dienen, wenn unser Herz immer wieder entflammt wird für sie, und dies ohne jede Absicht, sie aus den Denominationen herauslocken zu wollen. Es geht nicht darum, Leute von bestehenden Gemeinschaften wegzulocken. Der Weg der Wiederherstellung der Gemeinde ist ein innerer Weg, es ist der Weg des Kreuzes, ein Weg der Schmach und des Leidens. Aber es ist auch der Weg unsagbaren Friedens und ungeahnter Erquickung, ein Weg voller Herrlichkeit und Freude, ja, ein Weg der Glückseligkeit. Der Herr ist mit denen, die zurückkehren! Niemand und nichts kann sie daran hindern, ihren Auftrag zu erfüllen und den Tempel wiederaufzubauen. Die Zahl der Zurückkehrenden wird immer klein sein. Jesus hat von einer kleinen Herde gesprochen, und damit hat Er erst noch die gesamte Gemeinde gemeint. Wieviel kleiner wird also der Überrest sein, da der größte Teil nicht bereit sein wird, die Sicherheit Babylons mit der Unsicherheit der zerstörten und öden Stadt zu vertauschen.

4. Auch wenn wir uns stellvertretend für alle Heiligen unserer Stadt versammeln, muß noch eine andere Bedingung erfüllt sein, damit wir als Ausdruck der Gemeinde des Neuen Testaments gelten können: wir müssen bereit sein, *jeden* Bruder und *jede* Schwester im Herrn anzunehmen, ohne Unterschied und ohne Vorurteil. Das Gesetz der Gemeinschaft des Leibes Christi ist das Gesetz der Liebe. An der Liebe wird sich die

Echtheit unserer Motive erweisen. Die Liebe gibt niemals und niemanden auf. Sie ist die stärkste Kraft und der größte Beweis des neutestamentlichen Zeugnisses. Sie ist der Weg, der über alles hinausführt. Und Liebe bedeutet, daß ich bereit bin, um des Herrn willen jeden Bruder und jede Schwester zu lieben, anzunehmen, zu tragen bis ans Ende; daß ich bereit bin, jeden Weg mit ihnen zu gehen, alles zu tun, um die Gemeinschaft mit ihnen aufrechtzuerhalten. Paulus ermahnte die Epheser, allen Fleiß anzuwenden, um die Gemeinschaft des Geistes zu bewahren durch die Bande des Friedens. Um der Liebe und der Gemeinschaft willen verzichte ich gern auf mein Recht, wenn ich dadurch meinen Bruder gewinnen kann. Ich will lieber „in Ewigkeit" kein Fleisch essen, um dem Bruder kein Ärgernis zu geben. Wir werden vor dem Richterstuhl Christi einmal nicht daran gemessen, was wir geglaubt haben. Wir werden an der Liebe gemessen. Denkt an die große Sünderin im Evangelium: ihr wurde viel vergeben, „denn sie hat viel geliebt". Die wahre Liebe ist bereit, ihr Leben für den Bruder zu lassen. Sie ist das Kennzeichen, das Wesensmerkmal der Gemeinde. Vieles mag an ihr mangelhaft sein; in der Liebe aber ist sie unbezwingbar. Möge der Herr uns Gnade schenken, daß wir vor Seinem Urteil bestehen können!

Mißverständnisse

Es gilt noch, einige Mißverständnisse zu klären.

1. Durch die Witness-Lee-Bewegung in Deutschland ist der Eindruck entstanden, Watchman Nee habe mit dem Begriff der „Ortsgemeinde" eine neue Lehre in die Welt gesetzt, wonach nur diejenigen die Gemeinde bildeten, die diese Lehre akzeptieren und alle Denominationen, ja, das „Christentum" generell verurteilen. Wer das Vorausgehende aufmerksam gelesen hat, wird sofort merken, daß hier einiges nicht richtig sein kann.

Wir haben klar gezeigt, daß der Begriff der „örtlichen Gemeinde" nur auf die Summe aller wiedergeborenen Gläubigen eines gegebenen Ortes angewendet werden kann. Watchman Nee hat nie anders von der Ortsgemeinde gesprochen, und wer etwas anderes behauptet, kann sich zwar auf Witness Lee, nicht aber auf Watchman Nee berufen. Diejenigen, die auf den Grund der neutestamentlichen Gemeinde zurückgekehrt sind, können niemals sagen, sie seien die Gemeinde dieses Ortes, sofern nicht alle Gläubigen der Ortschaft vollständig sich mit ihnen versammeln. Sobald auch nur ein Gläubiger sich weigert, sich ihnen anzuschließen, sind sie nicht die Gemeinde des Ortes. Sie repräsentieren lediglich die örtliche Gemeinde dieses Ortes, und ihrem Wesen nach können sie sehr wohl die Gemeinde darstellen, nicht aber ihrem Umfang nach. Es ist deshalb ein Fehler, solche zurückgekehrten „Restgemeinden" für „die Gemeinde" auszugeben, als gehörten alle übrigen Gläubigen desselben Ortes nicht auch zur Gemeinde hinzu. Ich füge hier ein Zitat von *Watchman Nee* an, das jeden Zweifel hinsichtlich seines Verständnisses vom Begriff der „Ortsgemeinde" beseitigt. Es stammt aus dem erst kürzlich veröffentlichten dreibändigen Werk *„The Church and the Work"*, Band I, Seite 36:

> „Wenn Leute die Fragen stellen: Wer seid ihr? Seid ihr die Gemeinde in Shanghai? Was antwortet ihr dann? Ihr solltet sagen: Nein, wir sind nicht die Gemeinde in Shanghai. Wenn man euch fragt: Seid ihr dann die Gemeinde an der Hardoon-Straße?, solltet ihr ebenfalls mit ‚nein' antworten. Wir betrachten uns nicht als die Gemeinde in Shanghai, denn neben uns gibt es noch viele andere Gerettete in der Stadt, die in den denominationellen Kirchen verstreut sind und sich nicht mit uns versammeln. Aber wir betrachten uns auch nicht als die Gemeinde an der Hardoon-Straße, denn es gibt vielleicht noch andere gerettete Seelen, die an der Hardoon-Straße wohnen und sich

nicht mit uns versammeln. Um die Gemeinde in Shanghai genannt werden zu können, müßten alle Gläubigen in Shanghai eingeschlossen werden; sonst kann sie nicht die Gemeinde in Shanghai sein.

Darauf werden die Leute fragen: Wenn ihr nicht die Gemeinde seid, was seid ihr dann? Wir bekennen, daß wir *nicht* die Gemeinde sind, aber daß wir solche sind, die sich auf dem *Grund* der Gemeinde versammeln. Laßt es mich folgendermaßen illustrieren: Der Tempel im Alten Testament war wunderbar gebaut. Er wurde später niedergebrannt, und kein Stein blieb auf dem andern. Nehmen wir an, eines Tages kämen einige Leute aus Jerusalem und errichteten ein Zelt auf dem Fundament des ausradierten Tempels. Wenn man sie fragen würde, wer sie seien, so würden sie antworten: ‚Wir sind nicht der Tempel; wir sind ein Zelt, das auf dem Fundament des niedergebrannten Tempels steht.' Genauso versammeln wir uns heute. Sollten wir gefragt werden, wer wir seien, dann lautet unsere Antwort: ‚Wir sind nicht die Gemeinde in Shanghai (das heißt die Ortsgemeinde), wir sind bloß eine Anzahl Brüder und Schwestern, die sich auf dem Grund der Gemeinde versammeln, um das Zeugnis der Gemeinde aufrechtzuerhalten.' Der Tempel ist jetzt zerstört, er wurde durch Feuer vernichtet. Wir sind bloß ein Zelt. Alle, deren Augen geöffnet wurden, sollten den Ruin der heutigen Gemeinde erkennen – wie sie in ihrer äußeren Erscheinung gefallen ist.

Darum können wir nicht – nein, dürfen wir nicht – uns die Gemeinde in Shanghai nennen. Wir haben nur das Verlangen, im Licht der Gemeinde zu stehen und uns auf dem Grund der Gemeinde zu versammeln. Wir sind nicht die Gemeinde in Shanghai, aber wir versammeln uns auf dem Grund der Gemeinde in Shanghai. Wir stehen auf demselben Grund wie die (ganze) Gemeinde in Shanghai, aber wir sind keinesfalls die Gemeinde. Aber auch wenn wir nicht der Tempel sind, so sind wir trotzdem eine Miniatur des Tempels (bzw. der Gemeinde), um das Tempelleben zu manifestieren."

Dies sollte ein für allemal klarstellen, daß Witness Lee sich in seiner Gemeindepraxis nicht auf Watchman Nee berufen kann. Seine „Gemeinden" sind nicht Ausdruck der örtlichen Gemeinde, sondern des Dienstes und der Verkündigung von Bruder Lee in Anaheim. Mit andern Worten, es handelt sich hier um eine neue Denomination mit dem paradoxen Namen der „Ortsgemeinde".

2. Wenn wir fordern, daß die Gemeinde offen sein müsse für alles, was in allen Jahrhunderten von Christus war und Christus repräsentiert, und daß wir alle Christen vorbehaltlos annehmen müßten, wird uns eine falsche Duldsamkeit vorgeworfen. Man könne doch nicht alles einfach zulassen, man müsse auch ermahnen und zurechtweisen und nötigenfalls auch ausschließen. Auch dieser Einwand kommt nur daher, daß man nicht versteht, wovon wir eigentlich sprechen. Wir sprechen nicht von der Gemeindezucht, die selbstverständlich ihren wichtigen Platz im Gemeindeleben hat. Wir sprechen vom Wesen der Gemeinde, und dieses Wesen ist nichts anderes als Christus, und zwar der ganze Christus aller Zeitalter! In diesem Sinne ist die Gemeinde all-einschließlich und offener als alles, was sich bisher auf dieser Erde mit diesem Namen geschmückt hat. Ich erinnere nochmals an das Pauluswort: „Alles gehört euch, es sei Paulus oder Apollos ... ihr aber gehört Christus ..."

3. Ein dritter Vorwurf trifft das Herz der Gemeinde. Man sagt, es sei doch wichtig, welche Lehre man vertrete; das Leben allein sei keine sichere Grundlage für ein normales Gemeindeleben. Damit ermuntere man nur dazu, jede Lehre und eventuell auch Irrlehre zu tolerieren. Auch dies ist ein schwerwiegendes Mißverständnis. Wir sprechen nicht von irgendeinem Leben, etwa von Begeisterung oder irgendeiner Art von Lebendigkeit.

Nein, wir sprechen vom ewigen Leben, vom Leben Christi, das durch den Heiligen Geist in jedem Gläubigen wohnt. Dieses Leben ist Christus selbst in uns, und Christus ist die Wahrheit. *Jede Form von Irrtum und Sünde wird mit dem Leben Christi in uns in Konflikt geraten und zur Korrektur führen, solange wir dem Heiligen Geist gehorchen, der uns in die ganze Wahrheit führen will.* Der innewohnende Christus hat nichts mit der Sünde zu tun, und Er duldet sie auch nicht, so wenig wie den Irrtum. Aber wenn es um die Einheit geht, dann kommt das Leben vor der Lehre. Ist das Leben vorherrschend, wird auch die Lehre in Ordnung kommen. Sobald irgendeine Lehre in den Vordergrund tritt, schließen wir alle aus, die diese Lehre nicht akzeptieren, und schon sind wir aus der Wirklichkeit des Leibes Christi auf die Ebene der Denominationen und des Fleisches hinausgefallen.

4. Als letztes noch ein Einwand, den viele scheinbar mit einem gewissen Recht benutzen, um die Denominationen zu rechtfertigen. Sie sagen, der wichtigste Auftrag der Gemeinde sei die Weltevangelisation. Es komme doch nicht darauf an, in welcher Form das geschehe, sofern wir uns an das Evangelium halten. Natürlich ist die Verkündigung des Evangeliums ein vordringliches Werk in diesem Zeitalter des Heiligen Geistes, und der Heilige Geist wirkt überall, wo das Evangelium verkündet wird. Aber wenn es um die Gemeinde geht, geht es um das *Ergebnis,* um die Frucht der Evangelisation. Menschen werden durch das Evangelium zum Glauben gerufen und gerettet, um zu einer Wohnung Gottes im Geist zusammengebaut zu werden. Der Dienst der Evangelisation geschieht nicht aus der Gemeinde heraus, sondern auf die Gemeinde hin. Die Gemeinde ist nicht Ausgangspunkt, sondern Ziel der Evangelisation. Jeder Christ ist verpflichtet, Menschen zu Christus zu führen. Er darf damit nicht zuwarten, bis „seine Gemeinde" etwas in dieser Richtung unternimmt. Die Ge-

meinde hat nur eine Aufgabe: Christus zu verkörpern, Christus zu manifestieren, der Welt die Liebe Gottes in Christus zu demonstrieren und die Herrschaft Gottes über alle Dinge zu proklamieren, denn sie ist die vorläufige Gestalt der Königsherrschaft, des Reiches Gottes. Darüber wäre noch viel zu sagen. Ich glaube, soviel genügt zur Klarstellung.

Die zurückgekehrte Schar

Wie erging es denen, die dem Ruf Gottes gefolgt und nach Jerusalem zurückgekehrt waren? Woran orientierten sie sich? Was gab ihnen die Gewißheit, daß sie das Richtige getan hatten und sich im Willen Gottes befanden? Zunächst trat eine große Ernüchterung ein. In Babylon hatten sie nur die himmlische Sicht, die sie begeisterte, die ihr Verlangen weckte und den Entschluß reifen ließ, das Exil zu verlassen und in die Heimat zurückzukehren. Man wußte, daß Jerusalem in Trümmern lag, aber man war voller Zuversicht, daß es gelingen müßte, in relativ kurzer Zeit mit dem Schutt fertig zu werden, um sich mit ganzer Kraft dem Wiederaufbau widmen zu können. Als sie dann tatsächlich in Jerusalem waren, wurde ihnen das ganze Ausmaß der Zerstörung erst richtig bewußt. Ihr Mut sank schnell. Hinzu kam der Widerstand der ansässigen Mischbevölkerung, die unbedingt verhindern wollte, daß die Stadt mit dem Tempel wiederaufgebaut wurde.

Die himmlische Sicht schwand schnell dahin, und an ihre Stelle trat die irdische Realität: die ungeheuren Schwierigkeiten, die sich dem Vorhaben entgegenstellten, keine vorgegebenen Normen, eine totale Abhängigkeit von Gott und von denen, die er ihnen als Führer gegeben hatte, und – zunächst uneingestanden, schleichend, dann aber immer stärker ins Bewußtsein dringend – eine leise Wehmut über das, was man in Babylon zurückgelassen hatte! (Wieviel Gutes, Positives, Lebendiges gibt es doch in den Denominationen! Denkt doch nur an die vielen Geistesgaben, an die Wunder und Zeichen, an die vielen, die sich trotz allem bekehren! Was sind wir dagegen?!) Es ging dem Überrest wie einst dem Volk Israel, als es Ägypten verlassen hatte: solange man in Ägypten war, erschien das Leben darin unerträglich. Als man sich dann aber mit den Widerwärtigkeiten der Wüste herumschlagen mußte, erschienen ihnen die „Fische, die Gurken und Melonen, der Lauch, die Zwiebeln und der Knoblauch", die sie in Ägypten „umsonst" hatten essen können, wie Delikatessen im Vergleich zu dem, was ihnen die Wüste zu bieten hatte. So mochte manch einer den Schritt bereut haben, den er voll Hoffnung getan hatte, und es wollte ihn angesichts der vielen Schwierigkeiten in Jerusalem eine Resignation befallen, daß alles doch sinnlos sei. So kam es, daß jeder anfing, zuerst für sich selbst zu sorgen, und das Werk des Wiederaufbaus blieb fast zwanzig Jahre liegen. Erst als Gott ihnen neue Führer und Propheten sandte, taten sie Buße und bauten den Tempel wieder auf (vgl. Haggai und Sacharja mit Esra und Nehemia).

Es ist wahr: Menschlich gesehen ist es aussichtslos, nachdem man die relative Sicherheit der Denominationen verlassen hat, zu erwarten, daß aus den verschiedenen einzelnen, von denen jeder seine eigene Geschichte, einen anderen Hintergrund, andere Vorstellungen und Meinungen hat, je eine wunderbare, harmonische Einheit werden könnte. Nachdem die erste Begeisterung abgeflaut ist, bleibt auch uns nichts als die harte Realität: die paar Brüder und Schwestern und die Führer, die Gott in unsere Mitte gesetzt hat, damit das Werk unter ihrer Anleitung voranschreite. Nirgends wie hier kann man die Wirklichkeit des Kreuzes erfahren: nicht mehr ich, sondern Christus in mir. Solange ich an mir selbst festhalte, lebe ich im Konflikt mit Christus und mit der Gemeinde. Gebe ich mich preis, finde ich mich in Christus und in der himmlischen Gemeinschaft derer wieder, die wie ich mit Christus gekreuzigt sind. Eine Gemeinschaft auf dem Grund der Gemeinde ist nur möglich, wenn die Zurückgekehrten sich nicht mehr „nach dem Fleisch" kennen, sondern sich „in Christus" begegnen und annehmen. Denn wenn sie alles preisgegeben haben, bleibt ihnen nur noch Christus! Aber das ist das ganze Geheimnis: in Christus sind sie unendlich reich, in Christus haben sie die Fülle. In Christus gehört ihnen nicht nur alles, was in allen Denominationen von Ihm stammt, sondern auch alles, was in allen Zeitaltern und in allen Bereichen der Schöpfung je von Christus war. In Christus sind sie die freiesten aller Menschen. Was äußerlich so unscheinbar, so gering, so unansehnlich scheint, ist vor Gott herrlich, einzigartig, wunderbar!

Es braucht Augen des Glaubens, um diese Herrlichkeit zu erkennen. Satan wird immer wieder versuchen, uns an die „Realität" zu erinnern: an die vielen Mängel und Fehler, die die Brüder und Schwestern und vor allem die Ältesten haben. Er wird versuchen, einen Keil zwischen die Führer und das Volk zu treiben. Murren ist das Wort, das die Gemeinde in der Wüste charakterisierte. Wie oft rebellierte das Volk gegen Mose und gegen Aaron! Dieselben Versuchungen treten auch an den Überrest der Zurückgekehrten heran. Es ist wichtig, daß wir sie erkennen und ihnen widerstehen. Laßt uns von uns wegsehen auf Jesus, den Anfänger und Vollender unseres Glaubens! Er ist unser gemeinsamer Schatz. In Ihm haben wir die ganze Fülle der Gottheit „leibhaftig"! Gott sieht uns nicht so, wie wir von Natur aus sind. Er sieht uns vollkommen in Christus! Gott sieht mit den Augen des Glaubens. Er sieht uns in der Vollendung, wie wir sein werden, wenn alle Dinge Ihm unterworfen und wir zum „vollen Wuchs der Fülle Christi" gelangt sind. In Seinen Augen sind wir das, was Er sich immer wünschte: ein Ausdruck Seines eingeborenen Sohnes, des Erstgeborenen von den Toten! Wir müssen uns mit den Augen Gottes sehen lernen. Dann gibt es für uns nichts Kostbareres als diesen wiederhergestellten Rest. Hier erleben wir die Herrlichkeit Gottes, hier ist „Immanuel"! Hier befinden wir uns im Versorgungsstrom und im Regierungszentrum der Fülle Christi. Ungeahnte Reichtümer tun sich uns auf. Unser Kelch fließt über!

Noch etwas anderes gilt es zu beachten: Wir sind nicht die einzigen, die zurückgekehrt sind. Auf der ganzen Welt wirkt der Heilige Geist im Herzen Seines Volkes, und überall gibt es einzelne oder Gruppen, die Seinem Ruf folgen und Babylon verlassen. Auch fehlt es nicht an Führern, die uns das Wort Gottes klar und unmißverständlich gelehrt haben. Laßt uns auf sie hören und der Stimme des Herrn gehorsam sein. Es ist wichtig, daß wir die Verbindung mit andern pflegen und, wo es möglich ist, ihre Gemeinschaft suchen. Absolut notwendig ist es, daß wir alles, was wir tun, aus der unmittelbaen Gemeinschaft mit dem Herrn im Gebet tun. Nur Er weiß, wie die Gemeinde aussehen muß und welche Gestalt sie annehmen soll. Möge der Herr uns allen helfen, den Weg der Wiederherstellung zu gehen, damit Sein ewiger Plan in Christus Jesus endlich erfüllt werden kann.

Die Gemeinde und das „Werk"

Das Zeugnis der Gemeinde und das Werk des Dienstes

Es ist von großer Bedeutung zu erkennen, daß im Neuen Testament *Gemeinde und Werk* (bzw. Dienst) zwei verschiedene Dinge sind, die man nicht miteinander vermischen darf. Die Gemeinde ist ein sichtbarer, zusammengefügter, lebendiger Organismus, der von einem gemeinsamen Leben, von einer gemeinsamen Person bewegt und gelenkt wird. Sie ist der Leib des unsichtbaren Herrn, ein Gefäß, ein Ausdrucksmittel. Sie manifestiert die Wirklichkeit der Auferstehung und der ständigen Gegenwart des Herrn, sie ist das Haus, in dem Gott wohnt. Sie stellt Christus zur Schau, Sein Wesen, Sein Leben, Seine Kraft, Seine Autorität. In ihr gilt das allgemeine Priestertum; ein jeder dient ihr mit der Gabe, die er empfangen hat. Alle stehen auf derselben Stufe, alle bewegen sich miteinander, alle hängen aneinander und stehen füreinander ein. In der Gemeinde herrscht das Prinzip der Gegenseitigkeit, der Gemeinsamkeit. Für alles, was die Gemeinde betrifft, sind die Ältesten verantwortlich. Sie vertreten sie, repräsentieren sie, in ihnen drückt sich die Autorität des allen gemeinsamen Hauptes aus.

Das Werk des Dienstes hingegen liegt nicht in der Verantwortung der Ältesten, und damit auch nicht in der Verantwortung der Gemeinde, sondern in der Verantwortung einzelner Diener, die der Herr zu irgendeinem Werk beruft. Sie sind dafür verantwortlich, daß das ausgeführt wird, was der Herr ihnen aufgetragen hat. Sie sind in allen Dingen direkt und ausschließlich vom Herrn abhängig, und zwar in geistlicher wie in materieller Hinsicht. Sie dürfen nicht erwarten, daß irgendeine Gemeinde ihren Dienst finanziert oder daß eine Gemeinde sie anstellt und sich diesem Dienst anschließt. Sie müssen ihre Mittel vom Herrn erbeten und lernen, alles vom Herrn zu empfangen.

Es ist falsch zu sagen, die *Gemeinde* habe einen Missionsauftrag, die Gemeinde müsse evangelisieren, die Gemeinde müsse dies und jenes tun. Die Gemeinde muß nur eines: sie muß das *sein*, was sie ihrer Bestimmung nach ist: der Leib Christi, der Tempel des Heiligen Geistes, die Stadt des großen Königs. Die Stadt liegt auf dem Berg, ihr Licht kann man wahrnehmen, aber eine Stadt kann nicht da und dorthin gehen, dies und jenes tun; sie kann nur sein.

Ganz anders verhält es sich nun mit dem Dienst oder, wie es die Apostelgeschichte ausdrückt, mit dem *Werk* des Dienstes. Gott beruft stets einzelne Glieder des Leibes, niemals eine ganze Gemeinde, zu besonderen Diensten. Er beauftragt einzelne, das Evangelium zu verkündigen, das Wort Gottes zu lehren, Gemeinden zu gründen und aufzubauen. Er beauftragt einzelne, ein bestimmtes soziales Werk zu gründen, eine christliche Schule zu führen, einen Schriften- oder Bücherdienst zu eröffnen. Die Gemeinde kann sich von ihrer Berufung her an keines dieser Werke binden, sie kann für keines die Verantwortung tragen, sie kann sich für keines verpflichten. Die Evangelisation zum Beispiel (Evangelisation in jeder Form, sowohl im ganz Kleinen wie im ganz Großen) ist biblisch gesehen nicht eine Veranstaltung der Gemeinde, sondern des Werkes, das heißt einzelner Brüder, die der Herr dazu ausgesondert und gesalbt hat. Sie können dann und wann in der Gemeinde das Evangelium verkündigen, sie können und müssen aber ihren Dienst auch außerhalb der Gemeinde und unabhängig von ihr tun. Wenn einzelne von Gott beauftragt sind, einen besonderen Dienst zu tun, können diese nicht warten, bis die Gemeinde etwas in dieser Richtung unternimmt. Sie können nie auf die Gemeinde warten, denn sie wird nichts unternehmen. Vielmehr wartet die Gemeinde auf sie. Denn sie hat ja Gott gebeten, Arbeiter zu senden; sie ist auf die Diener angewiesen, die das Werk des Dienstes tun, durch das sie lebt und wächst.

In Epheser 4 werden fünf solche Dienste aufgezählt. Es wird deutlich gesagt, Gott habe der Gemeinde Gaben gegeben. Diese Gaben sind Dienste, nicht Ämter, und zwar verkörpert in einzelnen Männern, die Gott beauftragt und gesandt hat: Apostel, Propheten, Evangelisten, Hirten und Lehrer. Wir haben diese Stelle allzulange falsch gelesen. Die Christenheit hat sie bis heute so verstanden, daß Gott der Gemeinde das Apostelamt, das Prophetenamt, das Evangelistenamt, das Hirtenund das Lehramt gegeben habe. Das aber steht nicht da. Die Gemeinde hat keine Ämter empfangen, sondern ein Leben, aufgrund dessen sie sich darstellt und entfaltet, durch das sie wächst und Reife erlangt. Ein Leben, das alle Wiedergeborenen organisch zusammenschließt, versorgt, aufbaut.

Jeder Dienst im Neuen Testament geschieht auf die Gemeinde hin, nicht von der Gemeinde her. Am Anfang des neutestamentlichen Zeugnisses stand nicht die Gemeinde, sondern der Dienst. Unser Herr hat keine Gemeinde gegründet, Er hat Apostel berufen, geschult, ausgerüstet und schließlich ausgesandt. Der Auftrag: „Gehet hin in alle Welt und machet zu Jüngern alle Völker ..." wurde nicht zur Gemeinde gesprochen, sondern zu denen, die der Herr bereits vorher schon einmal als Apostel ausgesandt hatte. Sie legten den Grundstein für die Gemeinde. Durch ihren Dienst wurden Menschen zur Gemeinde hinzugetan. Sie und die Gemeinde waren keineswegs identisch. Das sehen wir dort, wo der Bericht der Apostelgeschichte erwähnt, wie nach der Ermordung des Stephanus eine Verfolgung über die junge Gemeinde hereinbrach, die äußerlich zu ihrer vorübergehenden Auflösung führte. Es heißt ausdrücklich, daß „alle ... zerstreut" worden seien, „ausgenommen die Apostel". Als Gläubige waren die Apostel mit allen übrigen Heiligen Glieder des Leibes Christi und Teil der Gemeinde; als Apostel jedoch wurden sie von der Gemeinde deutlich unterschieden. Diese Unterscheidung hat für die Verwirklichung des neutestamentlichen Zeugnisses wichtige Konsequenzen. Machen wir keinen Unterschied zwischen Werk und Gemeinde, dann liegt alles Gewicht beim Dienst; die Gläubigen werden dann dem Dienst, wenn nicht sogar dem Diener hinzugefügt. Der Dienst und damit unweigerlich auch der Diener werden zum Mittelpunkt einer Gemeinschaft, charakterisieren und prägen sie, und schließlich ergeben sich ebenso viele verschiedene Gemeinschaften wie Dienste. Weil aber jeder Dienst, den Gott erweckt, spezifisch und verschieden von den andern ist, führt das in kurzer Zeit zu einer heillosen Zersplitterung, wie wir sie heute vor Augen haben. Das war nie Gottes Weg. Derjenige, der im ganzen Neuen Testament am meisten vom Wesen und vom Bau der Gemeinde verstand, Paulus, betrachtete sich stets als „Diener der *Gemeinde*", und den Korinthern schrieb er ausdrücklich: „Alles ist euer." Mit „alles" meinte er alle Dienste, mit denen sie in Berührung gekommen waren. Er wollte damit sagen: Alle Diener gehören euch, ihr jedoch gehört keinem Dienst. „Ihr gehört Christus." „Ihr" – das ist die Gemeinde in Korinth. Alle Früchte eines Dienstes müssen demnach in die örtliche Gemeinde fließen und dieser zugeführt werden. Der Diener selbst ist für die Gemeinde da, nicht die Gemeinde für den Diener und dessen Dienst. Jede örtliche Gemeinde muß für alle Dienste offen sein, die der Herr ihr zuführt, wenn sie nicht isoliert werden oder vekümmern soll.

Wie steht es nun mit dem Zeugnis der Gemeinde nach außen? Wir müssen eines unbedingt und endgültig erkennen: die Gemeinde ist das Ziel aller geistlichen Aktivität. Sie ist nicht der Ausgangspunkt, sondern das Ergebnis. *Sie kann nicht durch irgendwelche Mittel, Methoden oder Veranstaltungen versuchen, Menschen auf sich aufmerksam zu machen und sie hereinzuziehen. Sie muß vor allem eins: voll, kompromißlos und ohne jede Einschränkung und Hemmung ausleben, was sie ist und was sie enthält: Christus selbst.* Je freier sie ihr (bzw. Sein) Leben manifestiert, desto stärker leuchtet sie. Je mehr wir uns als einzelne bewußt sind, daß wir immer und überall Gemeinde, Leib Christi, sind, daß es keine Privatbereiche mehr gibt, daß Gemeinde und häusliches Leben mit seinen Interessen nicht zwei verschiedene Dinge sein dürfen, daß die Versammlungen nicht nur Unterbrechungen und Intervalle im Alltagsleben bilden, sondern daß unser ganzes Leben sich in der Gemeinde abspielt und Bestandteil der Gemeinde ist, desto mehr wird der Welt um uns herum bewußt, daß sich vor ihren Augen etwas ereignet, was sie nicht erklären kann: In ihrer Mitte hat sich eine Körperschaft von Menschen ausgesondert, die zwar in ihr leben und Umgang mit ihr pflegen, aber nicht mehr zu ihr gehören. *Eine neue Gemeinschaft, ja Gesellschaft, ist entstanden, deren Menschen erlöst sind, die einander herzlich lieben, einander dienen; Menschen voller Freude, hilfsbereit; Menschen, die immer Zeit haben, weil sie ihr nicht unterworfen sind; die immer geben und niemals fordern; Menschen mit einem Lied auf den Lippen, friedfertig und freundlich.* Die Welt sieht, wie sie sich versammeln, wie sie einander besuchen, einander beistehen, einander aushelfen …

Wenn wir als Ausdruck der Gemeinde Jesu wirklich das sind, was die Gemeinde nach dem Neuen Testament ist – eine neue Menschheit in der Kraft der Auferstehung –, wird das nicht ein viel gewaltigeres und wirksameres Zeugnis für Christus und Sein Leben und seine Wirklichkeit sein als alles Beteuern und Erklären von Dingen, die die Welt ohnehin nicht fassen kann? Das ist es, was Gott von Seiner Gemeinde fordert: daß sie voll auslebt, was sie ist.

Dieses praktische Ausleben und Darstellen des Lebens Christi durch die Gemeinde ist absolute, unerläßliche Voraussetzung für jede Form von Evangelisation. Denn sie ist das einzige Beweisstück für die Wahrheit und die Richtigkeit des Evangeliums. Mehr als Worte es vermögen, überführt die Gegenwart Gottes in der Gemeinde von Sünde, Gerechtigkeit und Gericht! Die Gemeinde als Ausdruck der neuen Schöpfung in Christus ist das Gold, das die „Währung" der Verkündigung des Evangeliums deckt. Wir finden im ganzen Neuen Testament keinen einzigen Hinweis darauf, daß die Gemeinden evangelisierten, so wie wir das heute verstehen und praktizieren. *Die gesamte Evangelisation lag nicht bei der Gemeinde, sondern bei einzelnen,* die das Evangelium von der Gnade Gottes überall hintrugen. Die Gemeinden zogen durch ihr Leben, durch ihr Anderssein an. Die Gläubigen wurden nach dem gefragt, „was in ihnen war", und sie gaben bereitwillig Auskunft. Wo immer sie waren, mit wem immer sie zusammentrafen, waren sie erfüllt von der Kraft ihrer Hoffnung, von der Liebe zu ihrem Herrn. In ihrem täglichen Leben redeten und sangen sie von dem, was sie erfüllte, und dies weckte das Interesse derer, die für das Evangelium empfänglich waren. Das wirksamste Zeugnis für Christus ist jedoch immer das, daß wir überall und allezeit echte Christen sind, Christen vom Format des Neuen Testaments. Christen nicht mit dem Kopf, auch nicht so sehr mit dem Mund, sondern mit dem Herzen, das heißt mit Leib und Seele. Unser wichtigster Beruf auf Erden ist der, daß wir Christen, das heißt „die des Christus", sind.

Jeder, der in einer Gemeinde den Eindruck gewinnt, Gott habe ihm einen besonderen Dienst über das hinaus, was ich über das Zeugnis der Gemeinde gesagt habe, anvertraut, muß persönlich den Herrn in dieser Richtung suchen. Er kann seine Last der Gemeinde mitteilen, und die Gemeinde kann für ihn zu Gott beten. Er kann aber nicht hoffen, sein besonderer Dienst werde zum Dienst aller. Die Verantwortung für das, was Gott mit ihm vorhat, ruht allein auf ihm. Er kann Gott bitten, daß Er ihm ein paar Brüder zur Seite gibt, die zum selben Dienst ausgesondert werden. Ist die Last nach einer bestimmten Zeit größer geworden, kommt der Zeitpunkt herbei, wo sein Dienst aus der Verborgenheit an die Öffentlichkeit treten muß. Wenn der Auftrag wirklich von Gott kommt, wird die Gemeinde ihn freudig anerkennen und bestätigen, und ihr ständiges Gebet wird zum tragenden Grund dieses neuen Dienstes werden.

Handelt es sich um einen überörtlichen Dienst, wie in Apostelgeschichte 13, dann wird der Heilige Geist in der Mitte der Gemeinde die betreffenden Brüder aussenden. Daß dies damals unter Beten und Fasten geschah (und zwar vor und nach der Aussendung), zeigt deutlich, wie sorgfältig die Gemeinde damals nach dem Willen Gottes fragte und nichts ohne den Herrn und ohne die Bestätigung der Gemeinde tun wollte. Jeder Dienst, der auf diese Weise geboren wird, wird neue Gemeinden hervorbringen, die alle den Herrn repräsentieren und die Gemeinschaft des Leibes Christi darstellen. Möge der Herr uns Gnade schenken, daß wir in Seinen Wegen wandeln und in allem Seinen Willen tun!

Nach diesen grundsätzlichen Überlegungen gilt es nun, einzelne wesentliche Punkte näher ins Auge zu fassen.

Die Vorordnung des Werkes

Wenn wir das Neue Testament danach befragen, wie es zu der enormen Ausbreitung des Evangeliums und zur

Gründung der zahlreichen Gemeinden im kleinasiatischen und griechisch-römischen Raum gekommen ist, dann stoßen wir sofort auf die Tatsache, daß der apostolische Dienst oder das apostolische Werk eine hervorragende Rolle gespielt hat, und zwar in verschiedener Hinsicht:

1. im Blick auf die Gründung und Einrichtung von örtlichen Gemeinden;
2. im Blick auf die Koordination der verschiedenen Gemeinden untereinander;
3. im Blick auf das Leben, die Sicht und das geistliche Wachstum der Gemeinde;
4. im Blick auf die rechte Lehre und die Reinhaltung der „Wahrheit";
5. im Blick auf die Disziplin und den Wandel der Gläubigen.

Es ist bemerkenswert, daß wir im Neuen Testament kein einziges Dokument aus dem unmittelbaren Gemeindeleben besitzen (zum Beispiel eine Gemeindeordnung, eine Ämterregulierung, ein Gesang- oder Liturgiebuch, einen Finanzplan oder ein Glaubensbekenntnis). Alle Schriften des Neuen Testamentes sind Schriften des Werkes, einzelner Apostel oder Diener, einschließlich der Evangelien und der Offenbarung. Besonders die Paulusbriefe (aber auch die Briefe der andern Apostel) legen ein beredtes Zeugnis ab von den Beziehungen, Verbindungen und Spannungen, die zwischen dem Werk und den einzelnen Gemeinden bestanden (das Verhältnis des Apostels Paulus zu den Korinthern war ein ganz anderes als etwa das zu den Philippern oder zu den Thessalonichern). Wenn man alle Aspekte berücksichtigt, alle Faktoren in Betracht zieht und gegeneinander abwägt, wird eines ganz deutlich: das Werk war in jeder Beziehung den Gemeinden *vorgeordnet*. Ohne Werk keine Gemeinden! Alle entscheidenden Impulse, Belehrungen, Einsichten wurden durch die umherreisenden Apostel oder, während ihrer Abwesenheit, durch deren Schreiben in die Gemeinden hineingetragen, und wenn in den Gemeinden Schwierigkeiten irgendwelcher Art auftraten, wandte man sich unmittelbar an den Apostel, zu dem die Gläubigen eine besondere Beziehung hatten. Den Aposteln (und deren Mitarbeitern, vgl. Paulus und verschiedene abwechselnd mit ihm reisende Brüder, besonders Silvanus, Timotheus, Epaphras usw.) oblag das ganze Werk der Verkündigung des Wortes Gottes. Aufgrund ihrer besonderen Behandlung, die sie von Gott erfahren hatten, waren sie imstande, göttliche Offenbarung zu empfangen und das Empfangene mit göttlicher Autorität lehrend, verkündend, oft sogar beschwörend und flehend an die Gläubigen weiterzugeben (vgl. Paulus im 2. Korintherbrief: „Dazu noch die Sorge um die Gemeinden!").

Auf ihren Schultern ruhte die ganze Verantwortung für die Erfüllung der Gedanken und des Planes Gottes hinsichtlich der Gemeinde. Ihr Dienst war der eigentliche Motor, die Hauptversorgungsquelle des neutestamentlichen Gemeindelebens, des neutestamentlichen Zeugnisses von Christus und Seiner Gemeinde. Aus ihrem Dienst und ihrer Hingabe floß unaufhörlich ein Strom von Energie, Kraft, Hilfe, Trost, Freude, Ermutigung und Belehrung in die Gemeinden hinein, und wenn die Gemeinden geistlich richtig standen, nahmen sie diesen Strom dankbar auf und ließen sich dadurch nähren und aufbauen. Es ist nicht Zufall, sondern Beweis für die grundlegende Bedeutung des apostolischen Werkes, wenn die Fundamente des himmlischen Jerusalem neben den Namen der zwölf Patriarchen auch die Namen der zwölf Apostel des Lammes tragen. Die neutestamentliche Gemeinde ruht auf dem Fundament der Apostel und Propheten, das heißt derer, die ihr das Wort Gottes in Vollmacht und in seiner ganzen Fülle verkündigt haben. Auch wenn in der Offenbarung nur

die zwölf Apostel des Lammes erwähnt werden, so wissen wir doch aus dem übrigen Neuen Testament, daß das apostolische Werk mit den zwölf Jüngern nicht erschöpft war, sondern daß der apostolische Dienst weiterging und daß die Gemeinde ohne ihn hilflos den treibenden Mächten des Zeitalters ausgeliefert war. Die letzte Sorge des großen Völkerapostels Paulus galt dem, daß doch Timotheus andere vertrauenswürdige Leute finden möchte, die fähig sein würden, auch andere zu lehren. Er wußte, die Gemeinde konnte nur bestehen, wenn ihr das lebendige Wort immer wieder neu zugesprochen wurde, und daß dazu bestimmte Männer nötig waren, die von Gott dazu befähigt wurden.

Was heißt dies nun für unser Zeitalter, wo es nicht mehr um die Gründung von Gemeinden, sondern um die Wiederherstellung des neutestamentlichen Zeugnisses geht? Wir müssen erkennen, daß diese Vorordnung des Werkes vor der Gemeinde ein Grundzug neutestamentlicher Wirklichkeit ist, nicht nur eine zeitbedingte, anfängliche Maßnahme. Es kann sich selbstverständlich heute eine Anzahl Gläubiger zusammenfinden, einander dienen und versuchen, neutestamentliches Gemeindeleben zu praktizieren, aber wenn sie nicht früher oder später an den Kraftstrom des gegenwärtigen neutestamentlichen Dienstes angeschlossen werden und sich davon nähren und führen lassen, bleiben sie in den engen Grenzen ihrer Erkenntnis und ihrer Vorstellungen von Gemeinde hängen und werden unweigerlich degenerieren (das heißt, sie werden entweder eng und gesetzlich oder aber ausschweifend, „wild"). Jedenfalls werden sie nie imstande sein, die Gemeinde des Neuen Testamentes zu repräsentieren, denn zu dieser gehört unabdingbar die Fülle des neutestamentlichen Wort- und Verkündigungsdienstes. Außerdem fehlen ihnen der Überblick und die Verbindung zum gesamten Leib Christi, was sie nur über den Dienst, das heißt durch das Werk, gewinnen können.

Den heutigen Luxus, daß jede einzelne christliche „Gemeinde" ihren eigenen, privaten, bezahlten „Apostel" hat, der sie in die Geheimnisse des Reiches Gottes einführt und sie vor dem Abgleiten bewahrt, hätten sich die Gemeinden des Neuen Testamentes niemals leisten können. Erstens gab es gar nicht so viele „Diener des Wortes", daß es für jede Gemeinde gereicht hätte, und zweitens hätte dies überhaupt nicht dem Wesen der Gemeinde entsprochen (vgl. dazu den nächsten Abschnitt: „Die Unabhängigkeit des Werkes von der Gemeinde"). Im Verhältnis zu den vielen Gemeinden, die in den Jahrzehnten nach Pfingsten entstanden waren, gab es nur eine „Handvoll" Männer und Frauen, die mit ihren persönlichen Mitarbeitern den apostolischen Dienst der Verkündigung versahen. Und trotzdem wurden sie alle versorgt und auferbaut, und ihre geistliche Sicht, ihre Erkenntnis und ihr Wandel wurden zum Vorbild aller nachfolgenden Gemeinden der späteren Jahrhunderte. Gewiß bestanden Unterschiede, wie dies die Briefe und die Sendschreiben offenbaren, aber es läßt sich nicht leugnen, daß selbst die lebendigste Gemeinde heute weit hinter dem zurückliegt, was wir in den Gemeinden des Neuen Testamentes finden. Liegt dies an der veränderten „Gemeindestruktur"? Liegt es an der falschen Organisation, an den Institutionen usw.?

Nein. Es liegt ganz allein am Werk. Das Werk hat seine Dynamik und seine strategische Bedeutung verloren. Weil die Gemeinden den apostolischen Dienst mehr und mehr integrierten, zähmten, ja verschluckten, wurde er seiner entscheidenden Stoßkraft, seiner Freiheit und Wirkung weitgehend beraubt! Der apostolische Dienst wurde gleichsam eingefangen, domestiziert, harmlos gemacht, er wurde eingeschränkt, bezwungen und zur sonntäglichen Predigt degradiert. Der Dienst der Verkündigung braucht eine große Reichweite, um wirksam zu sein. Er gilt dem ganzen, weltweiten Leib Christi, er darf nicht an einzelne Gemeinden gefesselt werden. Wenn er wirklich zu Gottes freier Verfügung steht, gehen von ihm die entscheidenden Impulse aus, und diese können nur dann den ganzen Leib erreichen, wenn sie von strategischen Zentren aus in alle Richtungen ausstrahlen und wirksam sein können. Der Heilige Geist wählte immer wieder Provinzhauptstädte aus, zu denen Er die Apostel lenkte und wo Er sie sich für kürzere oder längere Zeit niederlassen hieß, zum Beispiel Jerusalem, Antiochien, Ephesus, Philippi, Thessalonich, Rom usw. Mit anderen Worten, Er wählte strategische Zentren aus, von denen aus das Wort in die nähere und weitere Umgebung dringen konnte. Dieses Prinzip ist sehr ökonomisch, es spart Menschen, Zeit, Geld, Organisation und vieles andere mehr. Auf diese Weise konnten Offenbarungen, Belehrungen und Ermahnungen in kurzer Zeit die verschiedenen Gemeinden erreichen und ihre Wirkung tun, bevor der Feind alles an sich gerissen hatte. Briefe, die einzelne Apostel an solche strategische Gemeindezentren schrieben, wurden an die umliegenden Gemeinden weitergegeben und auch von ihnen befolgt, sofern die Gläubigen bereit waren, sich der Autorität des Herrn im Wort dieses Apostels zu unterwerfen.

Ich glaube, daß der Heilige Geist auch heute noch so vorgeht. *Es wird heute nicht zu wenig, sondern zuviel gepredigt.* Würden nur diejenigen das Wort Gottes verkündigen, die von Gott dazu berufen (statt von Menschen und Bibelschulen dazu gemacht) und auch entsprechend behandelt wurden, und würden sie es so tun, wie der Heilige Geist es will und wie es dem Wesen der Gemeinde und des neutestamentlichen Werkes entspricht, dann würde auch heute diese „Handvoll" Brüder genügen, um den ganzen Leib zu versorgen. Wir haben ja ungleich bessere Möglichkeiten, die Verbindungen zwischen den Gemeinden aufrechtzuerhalten.

Durch Tagungen und Konferenzen, durch Kassetten-, Bücher- und Schriftendienst kann eine bestimmte, an einem strategischen Ort gegebene Botschaft in kurzer Zeit überallhin verbreitet werden und wirken, wie das den Christen der ersten Generation nicht möglich war.

Wichtig ist, daß wir uns die Augen öffnen lassen für die Art, wie der Heilige Geist wirkt und auch heute wirken möchte, und daß wir uns jenen Diensten voll und ganz öffnen, die der Herr in unseren Tagen für die Wiederherstellung Seines Zeugnisses erweckt hat.

Die Unabhängigkeit des Werkes von den Gemeinden

Nicht nur in strategischer Hinsicht muß das Werk der Verkündigung unabhängig sein von den Gemeinden, auch inhaltlich und organisatorisch muß es völlig frei sein. Selbstverständlich hatte Paulus zu den Gemeinden, deren geistlicher Vater er war, ein besonders enges und freundschaftliches Verhältnis, aber er ließ sich trotzdem nicht von einzelnen Gruppierungen innerhalb der Gemeinden vereinnahmen (vgl. die Situation in Korinth). Ist der Diener des Wortes an eine bestimmte Gemeinde gebunden, geschieht es unweigerlich, daß er in seiner Redefreiheit eingeschränkt ist oder daß er auf diese oder jene Leute Rücksicht nehmen muß. Er kann über gewisse Dinge nicht reden, selbst wenn er durch den Geist dazu gedrängt wird, weil sich dies negativ auf sein Verhältnis zur Gemeinde auswirken würde. Deshalb muß der Diener in seiner Verkündigung unabhängig und frei sein. Da die Gemeinde auf seinen Dienst angewiesen ist, können die Gläubigen (auch die Ältesten) ihm nicht vorschreiben, über was er zu ihnen zu sprechen hat. Er muß sich das Wort an eine bestimmte Gemeinde vom Herrn schenken lassen und es ausrichten, auch wenn die betreffende Gemeinde es nicht gerne hört und ihm vermutlich Schwierigkeiten machen wird. Selbstverständlich muß das Wort „in Liebe gesagt" werden, so daß es aufbaut und zurechtbringt. Aber vorschreiben und dreinreden lassen kann sich ein Diener Gottes nicht, sonst wäre er ja ein Knecht von Menschen, und nicht ein Knecht Jesu Christi.

Das heißt nun andererseits nicht, daß er frei ist, in den Gemeinden zu schalten und zu walten, wie es ihm gerade paßt. Die unmittelbare Verantwortung für alles, was in der Gemeinde geschieht, tragen die Ältesten jeder örtlichen Gemeinde. Er kann sich nicht gegen den Willen der Ältesten einer Gemeinde aufdrängen, und wenn er geistlich richtig steht, wird er stets die Entscheidungen der Ältesten respektieren und sich an ihre Anweisungen halten, solange er sich in ihrer Gemeinde aufhält. Lehnen die Ältesten einer Gemeinde seinen Dienst ab, so muß er dies akzeptieren und darf sich nicht über ihren Entschluß hinwegsetzen. Haben sie an seinem Dienst etwas zu bemängeln, so muß er sich vor dem Herrn prüfen, ob sie etwa mit ihrer Kritik recht haben. Wenn ihm der Herr etwas aufdeckt, darf er nicht zu stolz sein, sich vor den Ältesten zu beugen und um Vergebung zu bitten. Handelt es sich um wahre Hirten der Herde Gottes, werden sie ihm im Namen des Herrn vergeben und ihm eine neue Chance geben, um der Gemeinde neu, besser und korrekter zu dienen als bisher.

Auch wenn der Dienst eines „Apostels" oder Dieners von den Gemeinden unabhängig ist, kann er ihn trotzdem nur dann wirksam und erfolgreich tun, wenn er geistlich in engem Kontakt steht mit den Gemeinden, denen er dient. Von Paulus wissen wir, daß er sich um jeden einzelnen, soweit es ihm möglich war, persönlich gekümmert hat, sogar unter Tränen. Davon legen die verschiedenen Grußworte an einzelne Gläubige in seinen Briefen ein ergreifendes Zeugnis ab.

Wenn das Werk unabhängig von den Gemeinden operiert, dann trifft dies in besonderer Weise auf die finanzielle Seite zu. Die Gemeinde wird, wenn sie geistlich ist, freudig und freiwillig durch regelmäßige Liebesgaben, das Werk unterstützen, ohne Ansehen der Person, je nachdem, wie der Herr sie dazu befähigt. Aber sie wird niemals einen Dienst finanzieren und vollständig tragen können. Der Diener ist in jeder Phase seines Dienstes für alle Kosten, die anfallen, allein verantwortlich. Er muß sich vom Herrn führen lassen und darauf vertrauen, daß der Herr die Mittel dazu gibt. Hat er innerlich die Freiheit, so kann er wie Paulus den Unterhalt für sich selbst und seinen Dienst mit den eigenen Händen verdienen, sei es durch Teilzeitarbeit oder dadurch, daß er vorübergehend oder für längere Zeit ganztags arbeitet. Die Frage der Finanzierung ist eine Angelegenheit der persönlichen Führung und darf nicht zu einem Gesetz gemacht werden, an dem nur allzu viele scheitern würden. Die Versuchung ist groß – besonders in den Gemeinden, wo man gewohnheitsmäßig den Zehnten gibt –, daß ein Diener anfängt, mit der Finanzkraft der Gemeinde zu spekulieren. Er sollte nie auf seine eigenen Bedürfnisse aufmerksam machen, geschweige denn Unterstützung von der Gemeinde fordern. Gehen nicht genügend Gaben ein, dann gibt es dafür nur zwei Gründe: entweder befindet er sich nicht im Willen des Herrn, oder der Herr möchte, daß er mit seinen Händen das nötige Geld verdient. Paulus hat sich energisch dafür eingesetzt, daß es mit ihm immer so gehalten werde. Er wollte nicht finanziell von Gemeinden abhängig sein.

Die Gemeinde als Zentrum eines Werkes

Im Neuen Testament finden wir neben den mobilen apostolischen Teams, die unter der Führung des Heiligen Geistes das ganze damalige Weltreich bereisten, die merkwürdige Situation vor, daß einzelne, strategisch zentral gelegene Gemeinden wie Jerusalem, Antiochia oder Ephesus zu Zentren eines apostolischen Dienstes wurden. Es ist ganz klar, daß durch eine längere Anwesenheit eines apostolischen Dienstes eine solche Gemeinde besonders stark durch diesen Dienst geprägt wurde, so daß es aussehen konnte, als sei der betreffende Apostel der Leiter der Gemeinde. Das war aber keineswegs der Fall. Meistens entstand diese Situation dadurch, daß der Apostel an den betreffenden Ort zog, das Wort verkündigte, Menschen zum Glauben kamen und so eine Gemeinde entstand. Lag die Stadt günstig, das heißt, ließ sich von hier aus eine weitere Umgebung vom Worte Gottes erfassen, so entschloß er sich, länger zu bleiben und sich intensiv seinem Dienste zu widmen. Ihm oblag die Konstituierung der Gemeinde, die Wahl und Einsetzung von Ältesten, die Unterweisung sowohl der Ältesten als auch der Geschwister im allgemeinen. Solange er am betreffenden Ort wohnte, konnte er selbst einer der Ältesten sein und mit zwei, drei anderen Brüdern die Gemeinde betreuen. Was die örtliche Gemeinde betraf, so hatte er nicht mehr, aber auch nicht weniger Kompetenz als die übrigen Mitältesten. Er konnte nicht wegen seines apostolischen Dienstes eine höhere Stellung oder größere Autorität beanspruchen; auch durfte er die Mitbrüder nicht von sich abhängig machen. Im Gegenteil, er mußte sie immer wieder ermutigen, die Dinge auch ohne seine unmittelbare Mithilfe anzupacken und in Angriff zu nehmen, der Gemeinde zu dienen und als Älteste zu fungieren. Die Mitältesten ihrerseits mußten anerkennen, daß sie auf den Dienst des Dieners keinen unmittelbaren Einfluß hatten. Sie konnten den Dienst nicht dadurch an die Gemeinde binden und einschränken, daß der Diener ja auch nur ein Ältester sei und nicht mehr Recht für sich beanspruchen dürfe als sie. Sie mußten sich stets vor Augen halten, daß der Bruder hinsichtlich seines Dienstes vollständig und direkt dem Herrn unterstand und daß sie jederzeit durch ihn ein Wort des Herrn erreichen konnte. Sie mußten also bereit sein, die besondere Autorität des Herrn im Wort dieses Bruders anzuerkennen und zu akzeptieren. In Fällen, in denen die Mitbrüder etwas nicht als Wort des Herrn erkennen vermochten, mußte sich der Diener ihrem Urteil beugen, bis der Herr auf andere Weise ihnen Seinen Willen kundtat und sie ihr Urteil revidierten.

Die Gefahr war selbstverständlich groß, daß eine solche Gemeinde sich allmählich mit dem Dienst ihres „Apostels" zu identifizieren begann und ihre ganze Existenz an diesen Dienst hängte. Dadurch verlor sie ihre Funktion als Ausdruck des Leibes Christi, denn sie drückte ja nicht mehr die Einheit und das Leben Christi aus, sondern den besonderen Dienst, mit dem sie sich verbunden hatte. Auf diese Weise entstanden die meisten Denominationen. Fast alle denominationellen Gemeinden sind solche Dienstgemeinden; sie sind vollständig von einem Menschen abhängig, der in ihrer Mitte predigt. Alles, was sie vorzuweisen haben, ist ihr Prediger (oder allenfalls noch der Chor oder die Blasmusik), und leider suchen viele den Prediger nach ihrem Geschmack aus. Das aber ist die genaue Umkehrung der neutestamentlichen Verhältnisse. Auch in einer Gemeinde, die gleichzeitig als Zentrum für einen neutestamentlichen Dienst dient, muß der Dienst ständig und konsequent unabhängig von der Gemeinde bleiben. Der Diener muß stets dafür sorgen, daß, wenn er die Gemeinde verläßt, weil ihn der Herr woanders hinführt, niemand ihn ersetzen muß; daß also die Gemeinde ohne ihn und ohne seinen Dienst weiterexistiert, weil sich an ihr selbst durch seinen Weggang nichts Grundsätzliches geändert hat. Natürlich wird der Verlust des Dienstes, besonders wenn es ein voller und geistlich tiefgründiger Dienst gewesen war, nicht spurlos an der Gemeinde vorübergehen, und sie wird sich zuerst daran gewöhnen müssen, daß keiner mehr da ist, der die Dinge aus inneren Quellen vorantreibt. Aber sie wird schnell merken, wie hilfreich der Wegzug des Dieners ist, weil sie nun Zeit und Gelegenheit hat, all das zu verarbeiten und sich gründlich in das hineinzuleben und hineinzuwachsen, was ihr vorher so reichlich zugeströmt ist und dargereicht worden war.

Solange jedoch der Herr aus Seiner souveränen Verfügung den betreffenden Dienst in ihrer Mitte läßt, sollte die Gemeinde willig und gern alles tun, um diesem Dienst die größtmögliche Reichweite und Wirkung zu verschaffen. Sie sollte dem Diener sooft wie möglich die Gelegenheit geben, das, was der Herr ihm gegeben hat, der Gemeinde mitzuteilen und sie zu belehren. Sie sollte stets dankbar sein für diesen Dienst, auch wenn ihr dadurch größere Verantwortung und große Opfer aufgebürdet werden.

Ephesus war eine solche Gemeinde, in deren Mitte Paulus drei Jahre und später Johannes noch längere Zeit dienten. Und es ist diese Gemeinde, an die Paulus die tiefsten Gedanken hinsichtlich der Gemeinde und des Planes Gottes schrieb, der wir also eine der kostbarsten Schriften des Neuen Testamentes verdanken. Auch wenn eine solche Gemeinde eine Zeitlang wie im Schatten eines bestimmten Dieners stehen muß, so fällt doch wiederum ein Glanz von der Herrlichkeit des Dienstes in ihrer Mitte auf sie zurück. Der Herr bleibt niemandem irgend etwas schuldig. Auch in diesem besonderen Falle, wo die Gemeinde auch ein Zentrum des Werkes ist, muß der Diener finanziell unabhängig sein von der Gemeinde. Die Gemeinde kann einzelne finanzielle Verpflichtungen im Zusammenhang mit dem Dienst auf sich nehmen, so wie es ihr der Herr aufträgt, aber immer nur so lange, als sie mit vollem Herzen ja dazu sagen kann. Kein Diener Gottes darf auf Kosten der Gemeinde leben.

Probleme

Zum Schluß möchte ich noch auf ein paar Schwierigkeiten hinweisen, die sich im Verhältnis zwischen Werk und Gemeinde ergeben können.

1. *Die Gemeinde will das Werk integrieren und beherrschen.* Es kommt immer wieder vor, daß Brüder, die an und für sich ein rechtes Verständnis vom neutestamentlichen Gemeindeleben besitzen, einem dienenden Bruder jede Eigenständigkeit aberkennen und ihn nur im Rahmen der örtlichen Verhältnisse einzuordnen vermögen. Der Grund dafür ist, daß sie nie den grundsätzlichen Unterschied zwischen Werk und Gemeinde gesehen haben oder daß sie nicht bereit sind anzuerkennen, daß der betreffende Diener eine Autorität und eine Funktion hat, die nichts mit seiner Stellung innerhalb der Gemeinde zu tun hat. Es sind dies meistens Brüder, die selbst gern die erste Geige spielen möchten, die gern überall mitreden und Einfluß nehmen wollen, Menschen mit einem starken Willen und festen Vorstellungen und Überzeugungen. Häufig verbirgt sich dahinter jedoch ganz einfach Neid oder die Schwäche und der Mangel an persönlicher Hingabe und eigenem Engagement. Wozu ich nicht bereit bin, das soll der andere auch nicht tun, sonst werde ich durch seinen Dienst bloßgestellt. Sehr schnell können aus solch persönlichen Motiven heraus ganze Gemeinden angesteckt und gegen einen bestimmten Dienst eingenommen werden. Jeder Widerstand gegen einen von Gott beglaubigten und eingesetzten Dienst jedoch ist ein Widerstand gegenüber dem Herrn selbst, und wer sich an einem Dienst versündigt, hat es mit dem lebendigen Gott zu tun, der hinter diesem Dienst steht.

Es ist also keine Kleinigkeit, wenn zwischen der Gemeinde und einem bestimmten Dienst Probleme auftauchen. Wir brauchen besondere Gnade, um solche Konflikte aus der Welt zu schaffen. Wie gesagt, die Gemeinde und ihre Ältesten haben keinen unmittelbaren Einfluß auf den Dienst eines „Apostels", und sie sollten nie den Versuch wagen, einen solchen Dienst dem Willen der Gemeinde oder dem Willen einzelner Brüder (oder auch Schwestern!) in der Gemeinde zu unterwerfen. Damit würden sie nur das Gericht des Herrn über sich bringen, und das Gericht ergeht um so härter über sie, als der Dienst sie an geistlicher Größe und Vollmacht überragt.

2. *Der Diener mißbraucht die Gemeinde als Plattform für seinen Dienst.* Kein von Gott beauftragter Diener des Wortes darf eine Gemeinde dazu mißbrauchen, sie als Plattform für seinen Dienst zu benutzen. Er ist überall und in jeder Phase seines Dienstes ein Diener der Gemeinde, in die er gestellt wurde: ihr muß er dienen, um ihre Bedürfnisse muß er sich kümmern, sie muß er voranzubringen und aufzubauen suchen. Auch wenn ihn sein Dienst an verschiedene andere Orte hinführt, muß seine Sorge immer wieder ihr selbst gelten. Er muß, wie Paulus in Milet den Ältesten von Ephesus, sagen können: „Ich habe nicht zurückgehalten, euch den ganzen Ratschluß Gottes zu verkündigen." DEN GANZEN RATSCHLUSS GOTTES! Was für ein Wort! Welche Verantwortung ergibt sich doch daraus für einen Diener seiner Gastgemeinde gegenüber!

3. *Die Gemeinde wird zu stark vom Diener abhängig.* Jeder Diener muß darauf achten, daß die Gemeinden nicht von ihm abhängig werden. Damit würde er sie nur unmündig halten und sie am Wachstum hindern. Wie ein rechter Vater muß er es ertragen, daß ganze Gemeinden Fehler machen, ja, daß sie ihn zeitweise ablehnen und verleumden. In einem solchen Fall kann er die Gemeinden nicht entmündigen und alles an sich reißen, indem er autoritär vorgeht und willkürlich Anordnungen erteilt. Vielmehr sollte er unter Leiden und innerer Betrübnis das Antlitz Gottes für diese Gemeinden suchen und sich als Pfand in die Hand des „verzehrenden Feuers" legen, damit der Herr die Gemeinden wieder zurechtbringt und zur Umkehr führt. So hat es Paulus mit der Gemeinde in Korinth gehalten, und sie ließ sich

schließlich zurechtbringen. Der Diener muß sich immer vor Augen halten, wer das ist, was sich Gemeinde nennt, und was es bedeutet, daß er berufen wurde, ein Diener eben dieser Gemeinde zu sein: Sie ist das Kostbarste, was Gott besitzt, das, wonach Er sich seit ewigen Zeiten sehnt, das, wofür Er Seinen Sohn hingegeben hat, das, was Er heiligt, nährt und pflegt – Seine Braut! Immer wieder muß er Christus in seinen Brüdern und Schwestern erkennen und bereit sein, Wehen zu leiden, bis Christus in ihnen Gestalt gewonnen hat. Es sollte das Ziel jedes Dieners sein, jedes einzelne Glied der Gemeinde zur selbständigen Mitarbeit zu erziehen und es dazu auch zu schulen. Dann besteht keine Gefahr, daß die Gemeinde nicht mehr ohne Diener auskommen kann.

Möge der Herr uns Diener schenken, die nicht das Ihre suchen, sondern die ein Herz für das haben, was Gott in diesem Zeitalter wiederherstellen und vollenden möchte: Seine herrliche, bluterkaufte Gemeinde, die Braut des Lammes.

Kurt Weber
Bibelübersetzungen unter der Lupe
Ein Wegweiser für Bibelleser

In einer Zeit gewaltiger geistiger Umbrüche, in der alles fragwürdig geworden ist, blieb auch die Bibel nicht verschont. Viele neuere Bibelausgaben sind keine „Bibeln" mehr im eigentlichen Sinn des Wortes. Sie enthalten zum Teil ein verwässertes oder gar verfälschtes Evangelium. Auf welche Bibelübersetzung kann man sich noch verlassen? Dieses Buch gibt zuverlässigen Rat, wie sich der Christ in dem Dschungel der verschiedenen Ausgaben orientieren kann.
240 Seiten
Best.-Nr. 15 558
Lieferbar ab September 1984

Arthur Wallis
Leben ohne Kompromisse

Ein leider allzuoft zutreffendes Kennzeichen der Christen ist ihre Lauheit und Kraftlosigkeit. Grund: die große Bereitschaft, Kompromisse zu schließen. Dabei fordert Gott von seinen Nachfolgern ein kompromißloses Leben, den vollen Einsatz ihrer Kräfte und Fähigkeiten und vor allem den vollen Gehorsam seinem Wort gegenüber.
240 Seiten
Best.-Nr. 15 514

V. Raymond Edman
Das befreite Leben

Daß ein siegreiches Leben für jeden Christen nicht nur ein Wunschtraum bleiben, sondern beglückende Wirklichkeit werden kann, bezeugen in diesem Buch fünfzehn Männer und Frauen aus Vergangenheit und Gegenwart und aus ganz verschiedenen Verhältnissen.
Sie erlebten alle, wie die Fülle des Heiligen Geistes ihr Glaubensleben bereicherte: J. Hudson Taylor, John Bunyan, Amy Carmichael, Oswald Chambers, Charles Finney, Dwight Lyman Moody, Andrew Murray, Eugenia Price, W. Ian Thomas u.a.
160 Seiten
Best.-Nr. 15 352

Andrew Murray
Schule des Gehorsams

In acht Kapiteln zeigt der Klassiker des Glaubens und der seelsorgerischen Verkündigung, in welcher Weise Gott Gehorsam fordert und wie er selbst durch Jesus Christus die Voraussetzungen dafür schafft. Murray lebte von 1829-1917 in Südafrika.
96 Seiten
2. Auflage
Best.-Nr. 15 652

John Bunyan
Überströmende Gnade

Der Verfasser der berühmten „Pilgerreise" läßt uns hier
tiefe Einblicke in die dynamische Entwicklung seines Glaubens tun. Beeindruckend ist die Ehrlichkeit, mit der er sein
Versagen schildert. John Bunyan lebte von 1628-1688 in
England.
96 Seiten
2. Auflage
Best.-Nr. 15 653

Dr. Viggo Olsen/Jeanette Lockerbie
Kann man Gott entfliehen?

Viggo B. Olsen, von Beruf Chirurg, berichtet in diesem
Buch von seinem denkwürdigen „Schachspiel" mit Gott.
Gedrängt von den Schwiegereltern, sich für Christus zu
entscheiden, sucht er mit seiner Frau alle Argumente gegen den christlichen Glauben zusammen, geht den angeb-
lichen naturwissenschaftlichen Widersprüchen in der Bibel
nach und schlittert Zug um Zug in ein Abenteuer ohneglei-
chen.
128 Seiten
12. Auflage
Best.-Nr. 15 542

C.H. Spurgeon
Hast du mich lieb?

Die unübertroffene lebendige, originelle Art des englischen Erweckungspredigers aus dem vorigen Jahrhundert fasziniert wieder Christen und Nichtchristen unserer Tage. Der Leser kommt mit einem unerschrockenen und vollmächtigen Prediger in Berührung. Ein aktueller Beitrag, wenn es darum geht, die „tote Christenheit" zu wecken.
287 Seiten
Best.-Nr. 15 359

C.H. Spurgeon
Wachet und betet

12 Predigten zur Erweckung. Das war der Elan der ersten Liebe, mit der der etablierte Erweckungsprediger die etablierte Christenheit des 19. Jahrhunderts wachrüttelte! Spurgeon zeigt uns, wie Gott Christen zur Erweckung befähigt, die bereit sind, ihm bedingungslos zu gehorchen.
240 Seiten
Best.-Nr. 15 325

C.H. Spurgeon
Der gute Kampf des Glaubens

Spurgeon stellt Männer des Alten Testaments hier vor, die sich Gott gegenüber im Gehorsam bewährten. Ob er gegen Irrtum oder Lauheit oder für die Wahrheit kämpft, seine Waffenausrüstung ist jeden Herzschlag lang das Wort Gottes.
240 Seiten
Best.-Nr. 15 358